—全球领导力—

进阶

五步加速领导力升级

STEPPING UP

How to Accelerate
Your Leadership Potential

[英] 萨拉·伍德 Sarah Wood
[美] 尼亚姆·奥基夫 Niamh O'Keeffe ____著 王媛媛 ____译

图书在版编目（CIP）数据

进阶：五步加速领导力升级 /（英）萨拉·伍德（Sarah Wood），（美）尼亚姆·奥基夫（Niamh O'Keeffe）著；王媛媛译．—北京：机械工业出版社，2022.11
（全球领导力）
书名原文：Stepping Up: How to Accelerate Your Leadership Potential
ISBN 978-7-111-71975-5

I. ①进… II. ①萨… ②尼… ③王… III. ①企业领导学－通俗读物 IV. ① F272.91-49

中国版本图书馆 CIP 数据核字（2022）第 207610 号

北京市版权局著作权合同登记 图字：01-2021-4260 号。

Sarah Wood, Niamh O'Keeffe. Stepping Up: How to Accelerate Your Leadership Potential.
ISBN 978-1-292-18642-9

进阶：五步加速领导力升级

出版发行：机械工业出版社（北京市西城区百万庄大街 22 号 邮政编码：100037）
策划编辑：李万方
责任编辑：华 蕾
责任校对：龚思文 张 薇
责任印制：张 博
版 次：2023 年 4 月第 1 版第 1 次印刷
印 刷：保定市中画美凯印刷有限公司
开 本：147mm×210mm 1/32
印 张：8.875
书 号：ISBN 978-7-111-71975-5
定 价：69.00 元

客服电话：（010）88361066 68326294

你想去的地方

苏斯博士

你要去往伟大的远方，

如今你拥有美好时光，

山巅在等你去征服，

迈出脚步吧！

THE TRANSLATOR'S WORDS

译者序

在本书翻译工作接近尾声的时候，我突然深刻领悟到习近平总书记多次提到的那句话："当今世界正经历百年未有之大变局。"在过去的三年里，我们经历了疫情带来的种种冲击，生活和工作都受到了不同程度的影响。人工智能和大数据被广泛应用于疫情防控，与我们生活连接的紧密程度前所未有。这给我的感觉是"变"。在短短的一年时间里，"元宇宙"就从无人知晓迅速成了家喻户晓的热门词汇。前不久，我在书店里偶然看到了刘国枝老师翻译的2021年诺贝尔文学奖作品《天堂》，该书从无人问津到中文出版仅用了10个月的时间。这给我的感觉是"快"。以上让我想起了本书中的一句话："世界正在改变，且比历史上任何时候都更加快速。"这种改变是好还是坏？面对这种现实我们应该怎么办？相信我，亲爱的读者，不管你从事什么职业，都能从本书中有所收获。

作者提出了领导力的“5V”法则，本着学以致用的精神，我用“5 个亮点”来对本书翻译过程中的心得和感悟进行总结：

一是本书的创作初衷美好。作者写作本书并非想要追名逐利（其实就算想要也无可厚非），除了分享领导经验、给需要的人提供建议外，还有一个重要原因是想帮助印度偏远地区的女童成长，用作者自己的话说就是“本书的版税收入将全部捐献给印度 Yuwa”。这一初衷和作者在书中讨论的一个问题（要思考清楚为什么想要成为领导者）密切相关，答案其实可以有很多种，没有对和错，但在作者看来，那些最优秀的领导者，之所以想要当领导者，是因为他们都希望能让这个世界变得更加美好。这也是本书的创作初衷。

二是本书的结构合理。我在翻译的过程中，就感受到了作者清晰的思路和行文结构。作者用短短五篇就几乎把领导者所需考虑和处理的事项全都罗列在内了，既有宏观的思考，如对未来的研判；也有具体的小建议，如进行线上会议的时候用哪种办公桌比较好（答案在最后一章）。

而这也是本书作者的一个主要观点：要用清晰的表达去沟通。一本好书应该让人有想要一口气读完的冲动，虽然我没有一气呵成去翻译完的劲头，但是在这期间，我克服了种种困难，几经拖延，在完稿的时候，我想这样一本好书本应该尽快问世，我很庆幸自己没有中途放弃。

三是本书的内容兼收并蓄。“用人类创造的全部知识财富来丰富自己的头脑。”尽管作者拥有成功的创业经验和丰富的专业知识，但依然吸收了很多其他优秀的思想：本书中有马克·扎克伯格等成功企业家的语录，也有东方智慧的代表之一——老子——的思想，还有古老的非洲谚语。作者不仅引用了政治家的话，还借鉴了足球教练、电影角色的名言，用以补充说明一个优秀的领导者应具备哪些品质。这使得本书读起来不会有死板说教的感觉，而是感觉生动活泼。

四是本书的内涵深刻。本书语言简练朴实，却充满了深刻的道理。

- “如果你有一个能给予你帮助和支持的伴侣，他能够拥护你的立场，并用实际行动来支持你的雄心壮志，‘进阶’就会容易多了。”

- “社交会让很多人感到不寒而栗，但是只要有正确的心态，它就不会是一件令人感到厌烦、无聊或者可怕的事情。”
- “领导力不应该是你在工作时戴上、在工作结束后再摘下来的面具；如果你认为领导力是这样的话，你将会承受巨大的心理压力，冒着让自己看起来虚伪的风险，并且最终总会有不愉快（或痛苦）的结局。如果你想长期坚持下去，那么就该表现得真实一点。你需要言出必行、说到做到，这意味着一切必须发自内心。”
- “这多少令人有点不知所措，但是我很快就意识到，懂得最少意味着可以学习的东西最多，可以收获的东西也最多。”
- “人际关系既是一个有机的产物，又是一个有生命的东西——如果你不去培育，它就会枯萎和消亡。找理由和你在乎的人保持联系，即使这个理由不那么充分。”
- “没有人第一次就能把所有事情都做好，也不应如此。经一事，长一智，虽然听起来是老生常谈，但我们从失败中学到的东西会比从成功中还多。”

这样的金句比比皆是。

五是本书的外延丰富。“他山之石，可以攻玉”，虽然用“石”来比喻本书并不恰当，但还是可以看出作者的抛砖引玉之意。在每一章的结尾，都有作者精心整理的推荐阅读书目和励志音乐。这些书单和音乐像是极具价值的参考文献，如果你有时间去选几本读一读，选几首听一听，会受益匪浅。作者推荐的《和这本书一样安静》陪我度过了无数个失眠的夜晚，现在还放在我的床头；《向前一步》则教会了我在那些无能为力的事情上勇敢放手，集中精力在可能有作为的地方；当我不知道该给朋友的宝宝送什么礼物时，我就按照作者的推荐，选了苏斯博士的故事集。我也建议大家收藏好这些音乐，总会有它们的用武之地：在失眠的时候，听一听《今夜无人入睡》；在失恋的时候，听一听 *Shake It Off*；在失意的时候，听一听 *Power*；在喜悦的时候，就听一听 *Happiness*……

亨利·基辛格博士在其新著《领导力：世界战略六案研究》（*Leadership*：*Six Studies in World Strategy*）中提

出："在塑造历史的过程中，伟大人物的'变革型领导力'更为重要。"而对我们每一个身处其中的人来说，领导力亦是不可或缺的。距离《进阶》原书在英国出版已经四年多了，书中内容现在看起来很多都得到了印证，禁得起推敲。如今，中文版就要问世，对那些因为缺乏企业社会责任而面临公关危机的企业、那些受疫情或政策影响而需要重新选择职业道路的人、那些想要辞职自己创业的青年人来说，这是一本非常有益的书。当然，如果你希望改善自己公司的企业文化，不妨读一读。

正如书中引用的那句话："你要去往伟大的远方，如今你拥有美好时光，山巅在等你去征服，迈出脚步吧！"

王媛媛

2022 年 10 月　长于大街 11 号

WHO THIS BOOK IS FOR

本书是写给谁的

如果你曾经思考过领导力这个问题，渴望拥有领导力这项能力，或者已经着手锻炼自己的领导力甚至采取措施有一段时间了的话，那么这本书就是为你而写的！

对于想成为优秀领导者的人来说，并没有千篇一律的模板。你可以是初入职场、刚刚开始职业生涯的人，也可以是经验丰富、想要在职业生涯结束时留下战略遗产的领导者；你可能雄心勃勃地想成为一家全球媒体的领导者，或者渴望创建自己的科技初创企业；你可以是刚刚获得提拔、进入零售行业管理层的新管理者，也可以是在现有岗位停滞不前、需要动力去改变的员工。你的经历和关注点可以直接放在商业领域，也可以放在其他领域，如领导教育、慈善、政府团队和组织。

本书提供的建议不是专门针对具体的某个行业或者

某一类职业的。这是一本旨在帮助人们应对职业生涯和领导之路不同阶段的领导力宣言，是一本实用指南。作为本书的作者，我们都是商业人士，因此我们主要讨论一些商业领域的事情，但这些经验亦适用于其他任何领域，可以是医药行业、政府管理部门、艺术行业，也可以是科研领域。

如果你无法确认自己是否需要领导力，或者自己能否胜任领导工作，那么我们尤其鼓励你接着读下去。因为，就像我们即将在书中提到的那样，这个世界需要更多的领导者，也需要从现有以外的更多地方找到领导者。领导力不是那些传统人士、中产阶级、中年人群或者特权阶层的专属。这个世界正在变革，大门正在敞开，我们想要告诉你，对，就是你，该如何“舞出我人生”，成为你自己，成为一个领导者。来日最具前途的领导者们目前还没有积极主动起来，因此我们希望这本书能够鼓励到更多的人！

PREFACE
序言

我们之所以写这本书，是因为希望能有更多的人考虑进阶成为领导者。如果才华和潜力被浪费了，那真是太可惜了。我们想要更多的人能够“进阶”，并成为最好的自己。这不但是为了他们自己的利益，为了商业利益，更是为了整个世界的利益。为什么这一点现在如此重要？因为如今的商业世界需要更多具有更加多元化背景的领导者。世界正在改变，且变化速度比历史上任何时候都更快。我们生活在一个科技快速推动人们生活、工作和交流方式创新的时代，以至于我们感觉几乎不可能跟上呈现在我们眼前的未来。

面对这个千变万化且难以驾驭的世界，我们的领导文化也需要做出相应的调整以适应新变化。老一套的设想和方法难以应付现如今这个变化和挑战持续不断、残酷无情、充满变数的世界。现如今的机遇，不是由任何一个管理委员会来掌控的，也不是由年度报告捕捉到的，更不是用哪一个中长期计划就能解决的。本书的产生源自一个信念，即，不是由象牙塔里的 CEO 来推动创新和决策，从而将潜力转化为实实在在的进步的，而是由那些来自各种形式和规模的组织，以及那些有着各种经历和不同观点的、各层级的日常领导者来实现这一转化的。

换句话说，正是像你这样的人。

如何成为领导者？我们认为，随着我们生活的世界的节奏变得越来越快，越来越互联互通，越来越数字化，这个问题的答案在变化之中，优秀领导者的特质也在演化之中。我们写这本书是为了向大家介绍一个新的领导模式：同理心和经验具有同等的重要性；创新思维模式比高智商更重要；领导者需要既充满勇气，又仁慈善良。这对像你这样的新兴领导者来说意味着什么？如何培养这些关键能力？这些都是本书主要关注的内容。

值得高兴的是，如今进阶成为领导者的机会比以往任何时候都多。在这个新时代，各领域和规模的组织机构都已意识到旧的等级森严的领导模式无法解决所有问题。一个好的企业需要各个层次、各个年龄段的领导者，还需要数字化领导者、数据型领导者，以及能够把握行业变革趋势和懂得重塑行业的技术的领导者。

这意味着人们拥有比以往更多的进阶机会。但这并不意味着你要成为一名CEO或者创立一家发展迅速的公司。不管你是什么角色、经验水平如何，你都可以发挥领导作用。如何塑造你的进阶之路也将是你个人的事情。我们想帮助你释放潜能，用一种真实可信、充满意义、行之有效的方法去领导。

进阶可以指你第一次担任领导角色或管理角色，也可以指你选择改变职业或离职创业，还可以指改变你管理现有团队的方式。不管你面临的是什么情况，你都和我们面对着同样的问题：千变万化的想法、日新月异的科技、过山车般快速变化的世界。本书能够帮助你了解从而应对这种变化，同时培养你领导自己和他人在这种变化中前进的能力。

我们将带你踏上一次包含五步的领导力之旅——从了解我们生活的世界不断变化的实质，为自己布置一个领导任务，打造自己的领导力工具箱，组建一个优秀的团队，到授权团队以取得辉煌成就。我们将打破那些阻碍人们发挥领导潜力的束缚。我们将带你走进过去十年里发展最迅速的英国科技公司之一，并向你分享它取得成功的奥秘。我们将提供一系列实用的建议和窍门来帮助你制订一个属于你自己的领导力计划，无论其形式如何。

同时，我们将分享一些励志领导者的建议，他们曾经同我们共事过，都是现如今一些最成功的创新型企业的核心人物。我们还将反复要求你在阅读的过程中停下来思考：这些对于你的职业生涯和领导力前景究竟意味着什么。

听起来不错吧？让我们开始吧。

YOUR STEPPING UP JOURNEY: THE FIVE Vs

你的进阶之旅："5V"法则

在本书中，我们将介绍大量不同的进阶成为领导者的想法、技巧和方法。我们已经将它们整理为五个关键阶段，涵盖了从你作为领导者的个人发展，到如何吸引和利用他人的才能来组建你自己的团队，进而取得成果的全过程。这些步骤涵盖了我们认为任何有抱负的领导者都必不可少的"5V"法则：

- **愿景**（Vision）：了解所在行业的根本性变化并将其转化为你的优势。
- **价值观**（Values）：在对你真正重要的使命中培养你的领导力。
- **速度**（Velocity）：学习新技能，为领导力之旅提供动力。

- **支持**（Votes）：找到、打造并鼓励优秀团队，从而使梦想成真。
- **胜利**（Victories）：像领导者一样工作，以收获最佳成果。

第一步　愿景：重新制定规则

在这个比以往都瞬息万变的世界里，你怎样才能掌握变化并将其转化为你的优势？

我们认为，这个世界正在加速演变是一种现实情况、一项挑战，但是对新兴领导者来说，它还是一个机遇：变革是可以转化为你的优势的，你可以成为率先了解新趋势和新科技的那一批人，并将之运用到你的工作中。成为领导者的第一步就是要熟知你所在的行业发生了哪些变革，并成为可以塑造明天做事方式的人。你需要用愿景来预测未来，并成为能利用好它的人。这一部分内容包括：

- 世界是如何变化的，为什么这在你的领导力之旅中很重要。
- 如何才能把变革转化为你的优势：跟踪主要行业发展并做出应对。

- 变革带来的机遇：成为某一新趋势领域的专家，用低成本在短时间内试验新想法。
- 为什么需要重塑领导文化：同更加多元化的新兴领导者一起。

第二步　价值观：发挥它的作用

你为什么想要成为领导者？你如何才能获得真实而有意义的领导力成长？

成为领导者最重要的一步也是第一步，就是要明白你为什么想要成为领导者。仅仅是因为工资和地位等外在好处吗？还是想要留下你自己的印记？又或是想要满足一个更深层次的愿望，以一种对你个人而言很重要的方式产生影响？我们认为最优秀的领导者是那些想要让事情变得更好并能够处理世界性重大难题的人，从气候变化、流行病突发，到数据隐私和社会分裂。要想为解决这些问题做出贡献，你不必非得是大公司的 CEO 才行。在本部分，我们会深入讨论：

- 为什么应该探索你成为领导者的个人动机以及它所基于的价值观。
- 如何塑造并树立一个在不同岗位中与你一起成长和

进化的领导使命。

- 如何将使命转化为实际行动，如何找到你的 CLAN[⊖]以及完成这一使命的理想场所。

第三步　速度：投资于你自己

你如何才能培养必备的技能、思维模式和韧性，从而为你的领导力发展提供动力？

我们都有成为领导者的潜质，但是成功的领导者都是那些掌握了能够应对这个角色所面临的诸多挑战的技能和能力的人。做一名优秀的领导者意味着，你不仅要做好自己的工作，还要为其他人创造成功和成长的环境。为了做到这一点，你需要重点培养能够让你进阶到承担领导岗位职责的新技能。你还需要投入时间和精力树立信心、注重身心健康，以保证你准备好承受当领导者的种种艰辛。在这一部分中，我们会详细探讨：

- 除了智商和情商以外的核心领导智能（Leadership Intelligence）。
- 能够进阶的领导者的性格特点：都是什么，以及该

⊖ 由选择（Choose）、热爱（Love）、目标（Aim）和网络（Network）组成。

如何培养。

- 树立并保持自信的积极策略。
- 为什么需要投入时间和精力去建立领导力关系网。
- 领导者个人身心健康的重要性。

第四步　支持：投资于你的团队

你如何才能找到人才，组建并培养一个团队？这将决定你是一个孤独的个体，还是一名优秀的领导者。

没有一个领导者是靠单打独斗成功的。为了实现目标，你需要组建一个团队，它由才华横溢的员工、同侪、支持者等组成。领导者最重要的投资就是自己的团队了，将一群优秀的人集结到一起，互相建立起对彼此的信任和信心，进而赢得他们的支持。在这一部分中，我们将会探讨你如何才能实现这一切，其中包括：

- 如何找到优秀的人才，如何管理招聘的复杂程序。
- 如何激励团队并最大程度地激发他们的才能。
- 为什么勇气和善良是重要的领导品质。
- 如何打造一个让团队成长和进步的企业文化。

第五步　胜利：交付出色成果

在团队或你领导的项目的日常管理中，你可以做些什么来交付出色的成果，并证明这一点？

在结尾，所有最聪明的想法、最棒的打算和最大胆的计划都取决于一件事情：成果的交付。不管是公司愿景、团队战略还是项目计划，听上去可能都很不错，但是你如何实现这一切？如果要把优秀领导力的属性归结到某一个单一的特质，那就是拥有鼓舞别人并交付成果的能力。通过将目标、人员和过程进行巧妙的结合，就可以把宝贵的成果最终整合在一起。优秀领导者有能力以某种方式让其他所有事情都按部就班地进行。在最后这一部分中将给大家分享我们作为领导者，如何才能取得成功的经验。本部分重点关注的领域有：

- 为什么作为领导者，你需要不断提供清晰明确的信息，不管是在计划、沟通方面，还是在人员管理方面。
- 作为一名领导者，在面对不确定性时，你该如何前进。

CONTENTS

目 录

STEPPING UP

How to Accelerate
Your Leadership Potential

第一步

愿景：重新制定规则

CHAPTER 1

第 1 章 拥抱复杂多变的环境

一个快速变化的世界意味着我们拥有比以往更多的机会去展望未来并进阶到领导角色。

一切都变了

回想一下你第一次自拍、使用话题标签或读到假新闻的场景。这些事情可能就发生在几年前甚至几个月前，但会让人感觉是更久以前的事情。十年前，智能手机和社交媒体还是新生事物，而现在这些已几乎随处可见。我们生活在一个变化深刻而快速的时代，新工具和新科技正在转变人们生活、工作和交流的方式。在今天引起一夜轰动的新事物可能就是明天的现状，并且这一切发生得比以往任何时候都要快。

为了应对这种变化，各行各业每年都要进行彻底的改造；而企业每过数月甚至数周就要以一种渐进的方式进行自我重塑。新词语、新思想和新科技正以令人目不暇接的速度进入大众意识。新信息和新思想的洪流不可阻挡，其趋势远非任何个人和管理团队所能跟踪的。然而，人们仍然需要依靠领导者来展望未来，这就需要你——尊敬的领导者，开始思考你所在部门、企业或行业的未来，了解其发展现状，并设想一下你希望它将来如何发展了。

在这种变革的大背景下，现存的优势和劣势是什么？面临的机会和威胁又是什么？这在一个理想的世界里会是什么样子？拥有一个关于自己未来想走向何方的清晰愿景，既是充分利用巨大变革所带来的潜力的最佳方式，也能给你带来最佳机遇去创办一个在未来你可以参与其中的企业。

这是你作为一名有抱负的领导者面临的第一个挑战，也是第一个机遇。一方面，如果你想要确保自己跟上变革的步伐，那么你就要投入时间：专注于那些改变你所在行业的新发展。另一方面，这可以使你站在一个理想的位置上形成自己的远见，或者至少可以对所在行业的发展方向是什么形成自己的观点，然后开始担当起领导者的角色。

当你的企业进入未知领域时，没有规则可循，因此你就有机会制定一个新的规则。你可以在其他人都缺乏正确认知的某方面成为专家。你可以提出新的想法，进而给自己的企业带来竞争优势。刚刚加入企业的毕业生往往能提出一些新的想法和建议，你在董事会开会的时候，也可以做到像新人一样，提出新的想法，为企业赢得竞争优势。实际上，你通常会处在一个比新人更好的位置上：在一线实践岗位上工作，有着较好的数字知识，同时，想当然的纸上谈兵更少。

这种变化速度对新兴领导者来说是个好消息。领导的机会、提出新解决方案的机会、被倾听的机会都比以往任何时候要多。你不再需要经过长时间的、循规蹈矩的晋升过程才能成为领导者；相反，你可以用思想的力量、对未来的展望、领航能力以及变革能力来获取领导角色。

在这个不确定的世界里，领导者不能仅仅是一个预算达人、人力资源管理大师和结果导向者。当然，这些都是需要的，我们也将在后文中阐述。但首先，你应该是一个能够带来变革的人，对变革将如何影响行业富有远见，同时能够意识到这个世界充满着不确定性并以前所未有的速度发展着。现在就开始行动吧！

智人智语：意识到转变模式

未来的领导者必须要有能力应对连续不断的快速变化。不管是气候变化、数字化发展、地缘政治环境、共享经济，还是其他新的宏观方面的发展，我们现在所感受到的变化速度并不会放慢。领导者将不得不快速意识到世界的转变模式，及时制造或调整产品和服务来适应变化。这一代的年轻领导者是令人钦佩的，他们很顽强，也必须如此。

玛莎·莱恩·福克斯（Martha Lane Fox）女爵

英国开放大学校长、

在线预订网站 Lastminute.com 创始人

让变化服务于你

行业变化的速度正在为你这个怀有抱负的领导者打开新的大门。你如何才能利用好它？你需要坚持主动采取行动，努力发现新的机会，提出新的建议并尝试不同的方法。以下是一些可以让变化服务于你的重要提示。

保持好奇心

变化带来的最显著产物就是不确定性。企业们突然面临着“游轮在浓雾之中航行”般的未来，某种程度上虽然知道要去向何方，却看不到目的地，也不知道另一边会发生什么。对组织机构来说，这实在可怕；但是对个人来说，这却是大好时机。当那些进入未知“海域”的企业迫切需要领航者时，正是你进阶成为领航者的好时候。

从保持好奇心开始做起，要对你的团队、企业和行业保持强烈的好奇心。你所在的企业眼下正在努力解决的最棘手的大问题是什么？你的领导需要借助什么才能像撑竿跳高一样跨过这片“麻烦的海域”？了解清楚你所在行业的贸易组织正在制订哪些白皮书，仔细读一读那些有竞争力的企业的最新新闻，看看能不能从中发现什么规律。你也可以对那些企业从成立初期到现在的相关动态趋势进行追踪。这一趋势在过去三个月中和过去三年中都是怎么演变的？现在思考一下未来三个月、一年、三年的走势如何。将这些练习重复应用到其他事情的发展趋势上，记住，你要维持在一个不断寻找新模式的状态。只要经过经常性的反复练习，你的大脑就会准备好在你所在的企业中寻找模式，而你很快就会发现你对自己所在企业的未来前景有很多观点和主张，而这些关于前景的内容都是切切实实的！

无师自通

确定一个你可以通过拓展专业知识和培养专长的方式来突出自己的领域。选一个能真正激发你的领域！可以是如何做好团队工作，也可以是如何与客户沟通；可以是关于产品创新的，也可以是关于改变能够影响你所在行业的法律的。不论你选择什么领域，都要投入时间和精力成为所选领域的内部专家：为你所选的关键词设立搜索提醒，向你所选领域的有关部门订阅每日简讯或每周简讯，阅读你所能找到的一切相关资料，参加研讨会和公开活动，试着去见那些领域内的知名人物。

除此之外，你要努力在公司内部慷慨分享你的专业知识。你可以在你的社交账号上分享即时新闻，主动安排午餐学习或者问答环节等活动；也可以发个简短的邮件或者拟一份战略白皮书，以向你的老板分享关键资料和重要想法。将你的学习所得和想法转化为一个人们可以参与和推进的倡议。

智人智语：怀有好奇之心

如果让我给出一个建议，那就是去追求能让你感兴趣并激发你的事情，即使它可能有风险。要记住，想晋升为管理层，没有最佳路径。进阶是一条曲折之路，但沿途有很多有趣的风景。所以你要找到令你感兴趣的角色，然后充分利用好这种角色，拥有丰富的经历会使你成为一名更好的领导者。当然，这并不是说要你匆忙从一份工作换到另一份之中。我认为要两到三年的时间才能够学好某样东西，因此，你要花点时间学习并最大限度地利用你做的每一份工作。不要急于去管理人员，这并不是成为领导者的唯一方式。

如果你不知道如何得到接下来的角色，可以向那些能够启发你的领导者寻求一些提示，也可以同那些工作上取得进展的人吃个午饭并向他们提出你的问题。我所认识的那些最成功的人士都是好奇心极其强烈的。他们在提出问题的时候不会感到尴尬，而且总是设法去学习更多东西。他们也知道自己能向别人提供什么。不存在什么都知道的人，所以你对自己所知道的要有信心，全身心投入其中并尽最大努力拓展自己的知识和技能。如果你没有接受挑战，你就无法成长。要锻炼你的技能，记住：自信来自经验。要给自己时间去收获经验。

克里斯·卡波塞拉（Chris Capossela）

微软集团首席营销官

支持你的想法

伴随快速变化而来的是，好企业知道它们需要好的想法，而且相比想法来源更重视其本身的优势。在一家好的企业里，你是新手，或者刚大学毕业，又或者不习惯做决策，都没有关系。重要的是你要有想法、解决方案或者对策建议，同时还要有站出来分享的勇气。现在比以往任何时候都更有可能得到倾听并落实想法的机会。

你应该借机进行思考并为重要决策做出贡献。让自己熟悉企业的关键决策时刻，找到提出自己想法的最佳方式。试着在企业的全体会议上提出你的想法，给CEO发邮件提出你的想法，或者主动要求参加战略会议并提出你的想法。你要做的就是支持你的想法。我们知道你是有想法的！

勇于尝试

如今，你在24小时之内用12英镑就可以创业。你可以在自己的智能手机上发布自媒体内容，也可以在社交媒体上与几乎任何一个公众人物进行对话，或者至少可以尝试这样去做。阻碍你追求好想法和有所作为的障碍从未像现在这样少。你所掌握的科技意味着，你能够以比以往任何时候都更高的效率、更低的成本、更团结的方式做事情。你有能力进行尝试，并需要发挥这种能力。

不管你是为别人工作还是打算自己创业，都要尝试新的想法——可以是一个新的广告宣传方式、一个同客户沟通的新平台或者一种高效的工作方法。伴随着沟通方式和传播渠道的迅速发展，最有效的学习方式就是实践。尝试一些见效快、成本低的事情，看看你能从中学到什么吧。如果你能在推特或者领英上分享你的学习心得和遇到的问题，更好一点的话，你就可以像得到有帮助的答案一样找到志同道合的人，同时也能以该领域尝试者的形象给自己定位。

做一做

回想一下你刚开启职业生涯的时候。如今，你的工作方式有什么变化？有哪些新的工具是你可以借助的？这又为你创造了哪些新机会？

将每个回答的前三项列出来，看看你在哪些方面可以赶上别人或者取得进步。

CHAPTER 2

第 2 章 为什么需要重新制定规则

我们需要重新制定有关领导文化的规则，使其更加多元化、更具代表性、更有开放性。

如今，商业变革是一种现实，每个领导者都需要明白这一点。对那些能够将之变成自身优势以推动个人领导力成长的人来说，变革是个机会。也可以说，变革是不可避免的事情，“进阶”也不仅仅是你这种怀有抱负的领导者的事情，也是我们整个领导文化需要实现的目标。

为什么？答案非常简单，因为英美国家的商业领导权在很大程度上仍然牢牢掌握在男性、白人、中年群体、异性恋，以及来自特权社会、拥有较高教育背景的人手中。以下是一些发人深省的事实：只有 7% 的富时 100 指数公司的 CEO 是女性（事实上，在富时 100 指数公司中，光是名叫约翰的 CEO 和董事长就比女性 CEO 还多），而只有 8% 的富时 100 指数公司经理是非白人。

这并不是说没有杰出的女性、非白人和来自性少数群体的商业领导者，因为确实有。但是远远不够：如果我们想要反映我们今天所生存的社会，如果企业想要与所有客户进行有意义的互动，如果我们想建立一种具有广泛基础和胸怀宽广的领导文化以应对数字世界的复杂挑战，就还不够。

为什么这很重要？我们来看以下几组数据：

- 联合利华在对广告中刻板印象的研究中发现，仅有 2% 的广告显示女性是聪明的，仅有 1% 的广告显示女性是有趣的。
- 劳埃德银行集团的一项研究显示，在英国的广告中只有不到 0.1% 的人是残疾人，而残疾人占英国总人口的 17.9%。

- 只有 1/3 多的非白种英国人能够说出一个他们社区中的商业榜样，而在同一项调查中，有近 3/4 的白种人受访者都能说出一个。

这表明，在决策层面上，少数群体的代表数量远远不够。这不仅会带来不公平地排斥和边缘化少数群体的风险，而且在少数群体在人口和消费群体中所占比例日益上升的情况下，这从根本上也不利于商业发展。

新领导者进阶的重要性不仅关乎我们每个人，而且对集体利益也很重要。某种程度上，重新制定规则不仅仅是为了你自己，也是为了每一个人。这就是为什么新领导者进阶很重要，而且他们应该得到帮助和支持。

如果你来自少数群体，那么我们认为这个世界比任何一个个体都更需要像你这样的领导者；如果你不是（来自少数群体），那么就思考一下，作为一个领导者，你的发展如何既能包容少数群体，又能向少数群体开放。如果你能培养我们在第三步中讨论的那种融商，你就会成为一名更好的领导者。这并非简单地在企业社会责任表上打钩就行了，而是反映了当今社会、劳动力和消费经济的多元化。

你越能成为变革的推动者，你对你的企业就越有价值。为什么？因为对商业多元化的研究是全面和结论性的：团队越多元化，决策就越优；企业越多元化，就越有创新力；你的员工越多元化，你能带来的收益就越大。提升多元化水平对你和你的企业来说是双赢的，因此你要确保自己参与其中。

我们相信，任何有决心、抱负、渴望成功的人都可以按照自己的方式成为领导者。我们想要尽可能激励更多的人接受领导力挑战，去发现它对你意味着什么并发挥你全部的潜力。通过此种方式，我们希望鼓励更多的新兴领导者进阶并以一种新型的、更加多元的方式重塑商业领导的形象。

智人智语：领导者的必备条件

据世界上最成功的商业领导者之一、WPP 集团的创始人兼 CEO 马丁·索雷尔（Martin Sorrell）爵士的描述，优秀领导者的七个品质如下。

1. 头脑灵活

我们生活在一个日益受数据主导的世界，但如果你仅仅会阅读电子表格，那么就无法达到最高水平。因为判断力、创造力、直觉和想象力是实现创新的前提，所以它们都是优秀领导者必备的“无形资产”。它们同逻辑、财务素养和对细节的重视一样重要。这几乎适用于任何行业，从广告、服务营销到软件开发、工程等均适用。

2. 辩论能力强

别人和你意见相左确实是件恼人的事情，但是比起那种大家都全心全意地彼此赞同的对话，争论是一种更具建设性的交流。如果一个领导者身边都是只会随声附和的人，那么其所获将寥寥无几。优秀的人知道如何坚定立场并证明自己是有道理的，即使在别人不想听的时候也能做到这一点。

3. 具有国际视野

虽然下面的话是陈词滥调，但它依然是可靠的建议：每当别人问我怎样才能得到最好的职业发展时，我都会告诉他们要学习中文和编程（详见第 4 点　快速接受能力）。在一个越来越全球化的工作环境中，学着说像中国这样崛起中的大国的语言将会使你拥有巨大的竞争优势。但会说本身还不够，比掌握语言技能本身更重要的是拥有视野和见解。优秀的人才永远是好奇、关注外界且拥有国际视角的。在一个思想几秒内就能传遍全球的世界里，你承担不起狭隘的代价。

4. 快速接受能力强

好奇心会使那些最优秀的人超越国界去关注新的事物。高成就者通常都像喜鹊一样，永远被那些新技术、新思想和新趋势的闪光点所吸引。[㊀]这并不是说他们会丢掉或低估原有的一切，

㊀ 喜鹊喜欢那些亮晶晶的东西。

而是说他们永远不满足于现状，不断学习并推动他们的事业向前。

5. 快速决策能力强

我过去常说："星期一做的坏决定要好过星期五做的好决定。"也许这种表述并不是太明智，事后看来，我应该将其修改成：星期一做的不完美的决定要好过星期五做的100%完美的决定。不管怎样，你能明白我的意思就好。策略是至关重要的，但如果不经实施，它就什么也不是。当你还在制定战略和过度理智地分析时，别人已经一切进展顺利且建立领先地位了。

6. 不做"蝴蝶"

这里指的不是那种时不时折磨我们所有人的神经紧张[⊖]，而是那些还未真正投入某一组织或目标时，就从一份工作跳槽到另一份工作中的人。

⊖ 蝴蝶（Butterfly）在英文中有"紧张"的意思。——译者注不管蝴蝶的翅膀多么闪亮，看上去多么耀眼，它们很少留下永恒的痕迹。我爸爸过去经常建议我，如果我愿意的话，可以找些我真正喜欢的事情做并坚持下去，然后只依靠自己在这个领域里做出点名声来。我从他那儿继承了这个观点，也许现在看来有点过时，可我过去就是这么做的。

7. 志在必得

最后，但绝不是最不重要的，我一直在寻找那些真正在意输赢的人。当我们失去一项业务或者有人离开公司时，我会很在意。就算我已经工作了 30 多年，到现在，如果我输了的话还是会很难过。我经常借用利物浦足球俱乐部传奇主教练比尔·香克利（Bill Shankly）的一句名言："有人将足球视为生死攸关之事，我敢向他们保证它比生死还要严肃。"这就是我对 WPP 集团的看法。

资料来源：改编自领英文章，发表于 2015 年 1 月。

第一步 愿景 小结

要点

- 人们期望领导者拥有对未来的愿景，所以，你首先要弄清楚你所在的行业正在发生哪些重大的变革，以及你和你的企业如何才能领先于这些变革。
- 在某一个你所在的企业甚至整个行业都没完全掌握的领域成为专家。选定一个你可以把握的特定领域，然后成为这个领域公认的专家。你可以阅读你所能找到的一切相关资料，参加相关活动，组织问答和讨论会来传播你的学习心得。
- 要满怀自信地提出你的想法。找到最佳做法：在企业全体会议上发言，给CEO发邮件或者主动要求参加战略会议。
- 在企业中，推动领导力向更多元化、更具代表性的方向变革：要认识到，实现包容性和多元性并不是企业社会责任战略的一部分，而是为了如实反映社会现状并最终创办一家更好的企业。

练习任务：做一个“DIY”专家

花些时间弄清楚与你业务相关的领域发生了哪些重大变革：深化自己的专业知识，积极主动地提出建议，并在企业内为自己树立起一个专家的人设。关键步骤如下：

- 列出影响你所在行业的三大发展趋势、新观念和新兴技术。认真调研一下，然后把注意力集中在你最感兴趣的问题上。
- 用接下来一个月的时间深入研究这个问题：订阅相关的博客和简报，为你所选的关键词设立快讯，加入相关性最高的领英讨论群，然后确定2～3个要参加的活动。
- 如果有机会的话，向专家请教一下这种趋势对你的及类似的工作会有哪些影响。
- 现在，编写一份一页的提案或两页的白皮书，其中包含市场背景信息和有关你所在企业如何才能利用好这一趋势的相关建议。用这份文件开始讨论如何在团队或业务中验证你的想法。

读一读、听一听

书籍

- 《必然》(*The Inevitable: Understanding the 12 Technological Forces That Will Shape Our Future*)，凯文·凯利。
- 《爆裂：未来社会的 9 大生存原则》(*Whiplash: How to Survive Our Faster Future*)，伊藤穰一、杰夫·豪。
- *Six Capitals: The Revolution Capitalism Has to Have - or Can Accountants Save the Planet*，简·格利森–怀特（Jane Gleeson - White)。

音乐

- *Changes*，大卫·鲍威（David Bowie)。

- *Don't Stop*，佛利特伍德·麦克合唱团（Fleetwood Mac）。
- *Shake It Off*，泰勒·斯威夫特（Taylor Swift）。

接下来

- 了解你为什么想成为领导者：你的动机是什么？
- 为自己设定一个领导目标：你想实现什么？
- 找到你的“CLAN”：将目标付诸实践。

STEPPING UP

How to Accelerate
Your Leadership Potential

第 二 步

价值观：发挥它的作用

CHAPTER 3

第 3 章 了解你为什么想成为领导者

在你开始领导力之旅前，先花点时间弄清楚自己想成为领导者的真实原因是什么。

希望到目前为止你还在读，并开始为利用变革（带来的好处）激发自己的领导潜力而兴奋不已。在你用合适的方式开始领导力之旅前，还有一个步骤——你需要回答一个十分重要的问题："我为什么想要成为一名领导者？"这个问题的答案可能并没有听上去那么显而易见。因为，尽管伴随领导角色而来的收入、影响力和社会地位等额外收益是显而易见的，但是领导者同样需要承担很多责任，对身边的人员和你负责的相关事宜产生的后果都要负责。成为领导者的确是一个大的“进阶”，你也无法假装这是一件轻而易举的事。

我们并不是在耸人听闻！虽然成为领导者可以是一种非凡、精彩、回报丰厚的经历，但是也有很多时候，这意味着要面对随之而来的压力和责任，即使有着最宽厚肩膀的人也会感到负担沉重。因此，坦诚地告知大家这一点十分重要。

领导职位对你的要求可能会很高——既要有充沛的精力，又要有足够的时间，这就是为什么在开启一个长期可持续的职业生涯前，明确目标十分重要。弄清楚自己想成为领导者的真实原因、想借此实现哪些目标，能够让你在事情变得艰难时坚持下去。对一些人来说，追求地位和金钱等外在动机就足够了。然而，我们相信深入探究内在动机——那些生活中你真正在乎的事物以及能激励你的事物——会帮助你在一个期限更长且更为艰巨的领导任务中稳步前进。

你需要先弄清楚什么是对你来说真正利害攸关的事情，然后再开始为实现它们开辟出一条通道。通常情况下，这有关个人与职业两方面。请看表 3-1 并将它作为一个起点。

表 3-1　个人利害攸关因素与职业利害攸关因素

个人利害攸关因素	职业利害攸关因素
有所作为并发挥积极作用	充分发挥领导潜能
为我的孩子们创造一个更好的世界	到达职业巅峰
证明别人是错的，纠正错误或不公正的问题	成为一名行业专家
令我爱的人们（为我）感到骄傲	名扬世界
发现自己真正有能力做的事情是什么	留下一份“职业遗产”
实现财务自由	得到高薪

哪些因素对你来说是最有意义的？你是想要充分发挥潜能的人，还是想要解锁个人价值和意义的人？答案可能会是两者的结合。这里面没有什么对错之分，但最好的答案是最诚实的那一个。在你继续下去之前，花点时间诚实面对自己，弄清楚什么对你来说是真正重要的。这些基本的个人价值观会在你遇到困难、需要依靠时为你提供动力。

智人智语：顾全大局

在商业中，那些了不起的事情和优秀的领导者都需要时间去发展和成长。当你的所思所想能够超越自己的时候，你就拥有了真正的领导力。这关乎你能为大局做出什么贡献。面对当今世界的重大问题，当青年领导者提出“我如何能有所作为？我在生活中能扮演什么角色？”这种疑问时，往往令人印象深刻。这直接指向问题的核心。目标直接揭示了真正的领导力是什么。

杰勒德·格雷奇（Gerard Grech）

Tech City 英国首席执行官

做一做

就以下问题用三句话给自己写一个答案——**我为什么想成为一名领导者？**当你对自己的回答感到满意时，你就可以用它来制定你的领导力任务了。如果你想牢记你的内在动机，你可以把答案贴在衣柜里，这样你每天清晨外出，打开衣柜的时候都能看到它提醒你为什么想要“进阶”。

CHAPTER 4

第 4 章 明确领导使命

除了弄清楚你想成为领导者的个人动机之外，你还需要对领导使命进行思考：你想拥有怎样的影响力和怎样的作为。

弄清楚什么激励着你成为领导者是一个很重要的开始。你同样需要关注类似的关于目标的问题：“作为领导者，我想要实现什么目标？除了实现我自己的个人价值，还有什么使命在激励着我？”

如果你有机会采访像马克·扎克伯格、阿里安娜·赫芬顿或者比尔·盖茨这样的领导者，在问到他们的动机是什么时，你不太可能听到太多金钱、地位和名誉相关的回答。他们更有可能告诉你的是“利用科技力量改变人们的生活”，无论是通过“让人与人之间互相联系”“帮助人们在工作中找到平衡”的方式，还是通过“消除发展中国家的疟疾”的方式。

优秀的领导者通常将使命看得比他们自身还重要。他们创立公司不仅仅是为了利润，还以此为平台传达、实现并发掘了更深层次的目标，有着产生广泛影响并留下可永久传承的“遗产”的机会。

不言而喻，用伟大和富有冒险精神的使命来定义我们的职业生涯，必将与我们在成长过程中被教导的如何看待职业成长大有不同。过去，许多人被分到世界各地去，他们得到的建议是：选择一份职业，然后沿着这条职业道路走下去，不管发生什么事情，都要“固执地”坚持这个决定。

如果你足够幸运，得以对所选的职业抱有终身热情，那就太棒了（只要你能积极应对那些影响你所在行业的诸多变化）！然而，如今的一个现实是：我们大多数人都不会只有一种职业，而是有很多。我们也不会沿着单一的路径，通过谄媚攀附的方式或者一步一个脚印的方式升入管理层。相反，我们将会在一个由不同的角色、组织和经历所组成的迷宫中找到自己的出路。据领英 2016 年的一项调查显示，千禧一代在毕业后的头十年里平均会换四次工作。不管是为了寻求晋升、加薪还是个人发展机会，我们都比以往更有可能，也更有能力去跳槽。

这样做并没有什么不对（但还是要避免成为像马丁·索雷尔爵士在第 2 章中描述的那种像蝴蝶一样轻浮易变的人），而且这种换挡式的工作变动可能会带来很多益处。这些工作可以带给你不同的工作环境和职场文化体验，并且往往能让你更快地实现最终目标。与此同时，如果你会频繁更换职业，那么你就需要一个领导目标，这个目标可以把不同职业串联在一起，并赋予更换职业这种行为更深层次的意义。

明确领导目标或者领导使命可以让人们灵活调整并适应快速变化的环境。这将使你有能力在未来六个月甚至未来五年，在前景不明朗的行业里，依然可以创办企业或者工作下去。比起地图，明确的目标更像是一个指南针，在这个很多人终将承担起那些日新月异的角色的世界中，在没有典型模范可供参考，也没有指导规则的环境中，它能够给你提供指引，帮助你顺利应对一切。

领导目标应该是那些对你来说真正重要的东西，它能够帮助你做出重要的职业选择，帮助你在面对工作困难的时候建立起良好的抗压能力，帮助你在长日漫漫、周围人都无精打采的时候保持专注。

你的领导使命可以是一个你想要解决的难题，可以是一个你想要建立的想法，也可以是与那些你渴求的优秀人士建立伙伴关系。重要的是，它是你自己真实的需求，并且对你来说足够重要，能够给你提供度过艰难时期的动力，而当你实现目标时，你也能得到真正的满足感。领导使命关系到你想对你的职业生涯产生何种影响以及你想把什么样的“遗产”留给后人。

现在你知道领导使命是什么了。那么，你该如何找到自己的使命并让它变得具体化呢？答案就是，从问自己一些问题开始。当你开始思考自己独特的领导使命的时候，通过一些问题想象未来是一个让自己头脑变得灵活的好办法，你可以问如下的一些问题：

- 我相信和在乎的是什么？

- 我的兴趣和爱好是什么?
- 什么事情能让我感到快乐?
- 工作中哪些时候最让我感到充实? 别人认为我擅长的是什么? 两者之间是否有交叉?
- 什么人能对我起到激励作用?
- 我理想中的一天是什么样的? 此刻，我在哪里? 我在做什么? 我和谁在一起?

实现领导使命的方式有很多，也必然会随着职业生涯的变化而发生巨大变化。因此，不要从一开始就将目标和某一个特定的公司、职务或者工作岗位捆绑在一起。把注意力集中在更宽泛的目标上，一个当你开启领导力之旅时可以长期伴随你并随着你的进步一起发展的目标。同时要记住，你作为一位领导者，你的团队成员必然会想努力搞清楚你是哪种类型的人。如果你是一位目标清晰的领导者，并且你团队里的其他成员也是这么认为的话，那么你就最有可能组建一个充满动力和忠诚的团队：因为目标清晰是任何一位领导者都应具备的基本条件。

智人智语：你的领导使命

赋予自己力量吧！不会有人主动要求你辞职去创业，也没有人会主动让你去敲公司经理的门，然后告诉他你有一个想法可以让你们的公司做得更好。

请记住：在这个时代中，很多成功的公司都是从简单的事情开始做起的：一个好想法变成了一个明确的使命。在今天，这种机会是唾手可得的。有用的信息和建议、可借助的电子设备、你过去从来不知道的网络现已触手可及，你随时可以聘请到一群志同道合的人组建一个团队，也随时可以得到来自团队的激励。

迈克尔·海曼（Michael Hayman）

Seven Hills联合创始人、

Mission（2016）共同作者

如果你想知道如何塑造自己的使命并让它变得具体化，下面是一些可以参考的建议。

从你了解的事情开始

首先，即使你不知道自己想要的是什么也没关系！我们大多数人都有这种亲身经历，而且很多人现在依然如此。拥有目标是可持续领导力的基石，但这并不是说你的使命会在幻象中呈现在你面前，或者一夜之间就形成了！

成功的领导者具有许多特点，其中之一就是要有耐心。你需要清楚自己真正的目标是什么，要有清晰的价值观、强大的文化、明确的终极目标和行之有效的策略。你需要这些的全部，但是刚开始的时候，你可能什么都没有，仅仅是隐约感觉自己想朝着一个特定方向走下去。没关系的，那就努力摸索、跌跌撞撞前进，然后四处寻找吧。整个过程下来你可能就会感到茅塞顿开，但也可能不会。情况可能会逐渐明朗起来。就像 YouTube 最初是一个约会网站，而推特最初是一个播客搜索引擎一样，白天鹅也曾是丑小鸭，所以你不能急于求成。不要因那些你不知道的或者不确定的事情而感到焦虑。把精力集中在你了解的事情上，然后就此开始。

从终点开始

其次，在你进行彻底的自我建设的同时，了解你自己的能力和抱负并学会利用它们，从终点开始也很有帮助。当你退休了，每天拿着烟斗、趿拉着拖鞋的时候，你希望自己回顾的是哪些成就？哪些你做过的事情是你未来要向子孙讲述的？你会自豪地告诉他们什么？

这很难，因为一切感觉很遥远，但这可以帮助你知道你想实现什么样的目标，而不仅仅是知道你想做的是什么。实现终极目标的方式可能会不断变化，但如果终点始终如一，你就最有可能实现目标。所以终点就是你应该尝试和开始的地方。

不管做什么，都要付诸行动

最后，不管你如何为自己制定职业目标，也不管你的目标具体到什么程度，最重要的是你要付诸行动，越快越好。不求完美，只求完成。[⊖]因此，别再拖延了，给自己设置好挑战、定好目标，就开始把你的愿景付诸实践吧。

⊖ 这句话出自谢丽尔·桑德伯格《向前一步》。——译者注

不要等待一个完美的时刻，因为很少有这样的时刻，有的只是你可以创造或者抓住的机会。

你的职业目标不是那种刻在石碑上，然后被看作某种固定的、需要坚持的信仰的东西。它更像是——不恰当引用一下杰克·斯帕罗（Jack Sparrow）船长[⊖]的名言——“总之，更像是一种指引”（More like a guideline, anyway）。相关细节会随着时间的推移而变化和演进，所以，不要老是担心第一次做得不够完美。

做一做

明确领导使命的 3 个步骤：

- 做一个简短的列表，重点列出你愿意共事的人以及对你来说有意义的成就（每项仅限 3 个）。
- 在列表中合适的地方加入目标和可以采取的措施，将你的美好愿景转化成一个可以给你起点且可供实施的计划。

⊖ 电影《加勒比海盗》中的男主角。

- 想象一下你过 100 岁生日的场景。（不管你喜欢与否，越来越多的人将活到那个时候！）当你吹灭生日蜡烛时，你想要回顾的个人成就和影响是什么？什么样的遗憾和假设情况（“如果……就好了”）是你绝对不想回忆的？

从职业规划到领导使命：新的思维模式

我想，到了这个阶段，你需要用一种新的思维模式实现从职业规划到领导使命的转化。这两者有什么区别呢？看看下面的表 4-1，我想你就会发现了。

表 4-1　职业规划与领导使命示例

从：职业规划	到：领导使命
这个会给我的简历增色吗	我能学到什么，我能遇见什么人
我的下一个职务是什么	我应该承担哪些新的职责
我下次涨工资是什么时候	我怎样才能用最佳方式获得潜在收益
谁会先升职	我们应该引进哪种新型人才
这将如何促进我的职业生涯发展	这将如何帮助我实现自己的目标

CHAPTER 5

第 5 章 找到你的“CLAN”

要想把你的领导使命付诸实践，你需要仔细选择你的“Company”[⊖]，热爱你所做的事情，胸怀大志，并有目的性地建立关系网。

一旦你对领导目标有所了解，你就需要找到办法将它付诸实践，并将其应用到工作环境中。方法可以是在你当前的工作中进行调整，找到新的方法来产生影响并提高你的领导能力；也可以是找一份新工作，或者在你目前的工作单位中换一个不同的岗位，又或者创办属于你自己的事业。

⊖ 由于本单词在书中一词多义，考虑到要保留读者的阅读兴趣，此处暂不译出，具体意思后面有展开，详见后文。——译者注为了实现目标，你还需要增设一个场所并找到一群人来帮助你。这些其实可能已经以某种形式存在了，或者可能需要你自己从零开始创建。当然，以上这些都是说起来容易，做起来难。在你找到你想要的之前，你怎么知道你要寻找的是什么呢？嗯……从很多方面来说，你不可能知道，你能做的就是了解一些准则，这在你评估不同机会和目标路线时可以用到。

你需要找到一个被人们称之为“CLAN”的存在，不管它以什么形式存在。“CLAN”代表了以下四件事情：

- 选择（Choose）：仔细选择你的“Company”。
- 热爱（Love）：热爱你所做的事情。
- 目标（Aim）：胸怀大志（但要感激你所拥有的）。
- 网络（Network）：有目的性地建立关系网。

无论你是在寻找一个新的开始，还是渴望充分利用现有的职业环境，这条建议都适用。下面将详细阐述我们所说的“CLAN”。

选择：仔细选择你的“Company”

不论你选择做什么，你都需要别人对你施以帮助、充满信任和抱有信心，只有这样，你才能成功。这可能包括所有人，从你的经理、导师到你的同事等同辈，还包括你在网上或者聚会等活动中认识的更多的一群人。

你的合作伙伴和同事对你个人的成长和发展，以及最终成为一名你想要成为的领导者会发挥十分重要的作用。他们是否能推动你、激励你？他们是否会诚实地告诉你如何才能把事情做得更好？和他们一起工作和相处是否充满乐趣？

经常有一些考虑自己创业的人会向我征求建议。每当他们问我创业初期什么决策最重要的时候，我都会坚定地说：没有什么决策能比选择（一个合适的）联合创始人更重要了。（如果你不是要创业而是要找工作，那么选择你的同事就是最重要的决策。）选对了，他们能够帮助你“进阶”，企业的规模也会逐渐扩大；选错了，整个企业就可能在顷刻之间垮掉。我给出的实用方法是这样的：如果你们第一天就为企业起什么名称和持股比例而争论，那么你就必须要思考一下你们以后的关系会是什么样子的。不管你是在寻找联合创始人还是新的同事，如果你渴望“进阶”并承担新的责任，那么就和那些能够让你施展才华、挑战自己并展现出自己最好的一面的人工作，这样你就能够得到快速发展并建立起一种互相支持的关系，为你的领导力之旅打下好的基础。

当然，选择你的“Company”在这里有好几个意思。谢丽尔·桑德伯格有句名言：“一个女人最重要的职业选择就是她的人生伴侣。”确实是这样，如果你有一个能给予你帮助和支持的伴侣，他能够拥护你的立场，并用实际行动来支持你的雄心壮志，“进阶”就会容易多了。

另一个需要你认真选择的“Company”是你工作的地方。它是否在促进多元化、创新和职业发展方面有着良好的记录？你是否有机会调到一个不同的业务领域或者跨业务领域工作？你需要一个舒适的工作环境，在这里，你可以发挥出领导潜能，因此，选择工作的地方是需要你三思而后行的。

如果你正在考虑跳槽，在与新公司正式签订劳动合同之前，请确保你是在进行了有效的数据分析（基于“最佳雇主”奖或者针对更大企业的多样性数据)、通过社交推荐(如Glassdoor[⊖]),或者可以的话,同该公司内部工作人员面对面交流信息后做出的决定。借助领英,你只需要轻轻一点鼠标就能见到未来的同事,了解他们的工作动机以及他们对公司有何感受。不要害怕与他们取得联系。找一些看上去是在你(应聘)的团队里工作的人或者类似的人,问他们是否愿意一起吃个早餐或喝点啤酒。他们会很乐意见你的(如果他们是未来的好同事的话),也会让你更清楚地知道你是否有可能融入他们的世界并茁壮成长。

热爱:热爱你所做的事情

这听起来似乎是一个显而易见的观点,但有重申的必要。非常简单,如果你想把事情做得很成功,你就要对你正在做的事情充满热情。面对辛苦的工作、诸多的挑战和频繁的挫折,如果失去了热情,你就没法干下去。

你在做的是在即使你度过了一个糟糕的早晨,甚至是几天糟糕的日子时,也不会因此而灰心丧气,能够继续下

⊖ Glassdoor是美国一家做企业点评与职位搜索的职场社区。在Glassdoor上可匿名点评公司,包括其工资待遇、职场环境、面试问题等信息。——译者注

去的事情。热爱你所做的事情是让你拥有动力、继续前进的关键，无论你面临着什么障碍。

这就是领导使命如此重要的原因：真正有意义的成功不仅仅是在职业愿望清单上列出一系列具有里程碑意义的事件，而是一种在你真正在意的事情上取得成功的强烈愿望，能够让你觉得在寒冷、黑暗的早晨，即使你最不想做的事就是迎接新一天的时候，从床上爬起来也是值得的。

因此，找一份可以让你满怀激情的工作，或者开创一项这样的事业、建立这样的工作方式，然后全力以赴。因为如果你想继续“进阶”，你就需要借助你所拥有的一切(这比你想象的还要多)。

智人智语：展现你内心的激情

要想激励别人，你就要展示出你对工作的绝对热情。让人们看到你心中的火焰和眼中的光芒吧。说话的时候要充满说服力。要想激励别人，首先要激励自己。做一个既对别人感兴趣又有趣的人。不断“进阶”且能走在工作的前面。让人们看着你的眼睛并相信你。工作内容固然重要，但真正重要的是你——你的为人正直、你的职业道德、你的性格，这是你作为领导者与众不同的地方。

林赛·帕蒂森（Lindsay Pattison）
迈势全球（Maxus Worldwide）CEO

目标：胸怀大志（但要感激你所拥有的）

从长远来看，要做一个胸怀大志的人。不要只想着紧接着的下一步做什么，要多向前跳几步，然后设想一下未来的前景如何。哪些趋势和变革正在影响你的工作？你应该考虑哪些现有的和潜在的竞争对手？你理想中的客户或消费者市场是什么样的，如何才能实现？你自己也要有对成功的渴望：你最终想要实现的目标是什么，通往终点的铺路石又是什么？与此同时，不要为了寻找下一个角色而消耗你全部的精力。请记得，要永远以积极主动、充满热情的态度做好当前的工作。

在你现在的工作中，不要满足于只做有效的事情，想想你还能做些什么辉煌的事情来推动你和你的事业向前发展。这意味着你要培养一种永远不会完全满足或安定下来的心态，而且要不断寻找新的方法提高、创新并争取下一次做得更好。

无论是处理眼前的商业问题，还是思考自己的职业轨迹，都是如此。怎样才能把一段稳固的客户关系经营得更好呢？怎样才能把一款令人满意的产品打造成为市场领导品牌呢？一个训练有素的团队怎样才能成为一流团队呢？

作为一名领导者，你必须活在当下，同时密切关注未来：明天会带来哪些机遇、创新和威胁。当你考虑下一步领导力行动的时候，不要满足于选择那些让你感到完全舒适的东西，选一个能够给你带来挑战，将你带到新高度的宏伟方案。要永远胸怀大志，永远“进阶”！

做一做

思考一下你的“现在、近期和下一步”。用两行字写出以下三个问题的答案：

- 我**现在**从事的工作是否能给我发展成为领

导者的机会？

- 我**近期**能得到的发展机会有哪些？
- 我的领导力发展的**下一步**打算是什么？我要怎样才能实现它？

网络：有目的性地建立关系网

社交会让很多人感到不寒而栗，但是只要有正确的心态，它就不会是一件令人感到厌烦、无聊或者可怕的事情。事实上，我们认为这是释放并促进你的领导潜能的最重要途径之一。如果你想成为一名有影响力的领导者，你需要在公司内外部以及跨部门都建立良好的关系网。之所以要建立关系网，不是因为收集名片很有趣，而是因为你需要通过与人见面来建立商业联系、获取市场信息、发现模式、会见潜在客户、寻找最佳同事、影响决策，同时可以四处寻找下一个好创意的来源。

不管你是想聘请最优秀的人才加入你的团队，还是想寻找一个新的角色，或者找个人来指导你、给你提建议，一般来说，走出去建立关系网都是个不错的计划。如果你觉得这令人有点紧张，那就听我们的吧：没有人会自信满满地走进一间全是人的房间；在某种程度上，人人都有社交恐惧，你唯一能做的事情就是做你自己，对他人抱有兴趣，并明确自己想要实现的目标（是的，又聊回到我们的老朋友——目标了）。话虽如此，但是如果你的时间不是太紧张的话，那么就以开放的心态去参加一些活动，让“意外”发生，有时会产生令人惊讶的结果。总之，既然你要“进阶”，那么是时候战胜恐惧，全身心投入其中了。如果你想要更多关于建立关系网的技巧，直接翻到第三步，我们会真正深入讨论如何有目的性地建立关系网。

萨拉语录：采取下一步措施

有太多的人认为他们的职业生涯是一场蛇梯棋游戏[1]：要么上升，要么下降。最好把它看成是画圈打叉游戏：通过横向、纵向、斜向移动棋子来取胜；根据实际情况，在不同的时间向不同

[1] 蛇梯棋游戏（Snakes and Ladders）是一种起源于印度的小游戏，玩家通过投掷骰子来在棋盘上移动，投掷的数字代表玩家能够移动的步数。当玩家遇到梯子的时候，就可以通过梯子到达数字更高的地方；当遇到蛇头，玩家就会掉到数字更低的地方。——译者注

的方向移动。下面是一些可供你在自己的领导力“棋盘”上移动的步骤：

- **向上移动：**你最近一次升职、换工作任务或承担新职责是什么时候？如果你在现在从事的领域里感受不到挑战性，也许是时候开始考虑并问问自己还能承担哪些工作了。不要无所事事地等待别人认可你或者选中你去做什么，你要主动去同你所在的团体中重要的人对话。首先，你要开门见山地说清楚你想要做什么，以及除了完成目前的任务，你还能做出什么贡献。其次，就如何实现这个目标提出具体的建议，力争一个既能让你更多承担责任，又能为公司带来附加价值的双赢局面。方式可以是直接升职，也可以是创建一个新的职位或组建一个新的团队来拓展新的业务领域。
- **横向移动：**当向上移动的时机不合适时，你可以从横向移动中获益。这并不一定意味着原地踏步。你可以在同一个业务的不同部门锻炼技能、积累经验，临时借调到姊妹公司或者其他地方的分公司。在一个团结协作和跨部门工作经历被十分看重的时代，这是一个学习新技能、结识新人、更加全面地了解业务工作的好机会。通过横向移动丰富你的工作经历、锻炼你的工作技能，可以快速为你下一次“进阶”提供平台。

- **斜向移动：**出人意料的“走棋”也是值得考虑的。你可以转行到邻近的行业，也可以从应用实践转到理论研究，还可以成为一名自由顾问或者自己创业。你仍然需要评估它是否适合你：你会热爱你所做的事情吗？它能够让你拥有宏伟的目标吗？它是否与你为自己塑造的领导使命相匹配？许多领导者都意识到：在不妥协的情况下追求自己目标的唯一途径就是创造自己的“平台”(Vehicle)，一家由自己设定使命、职场文化和价值观的公司。

智人智语：爬方格架

你可能会被迫“爬到顶端”，但是要理智地思考一下背后的动机。问问你自己：“我为什么想要这样做？我认为‘顶端’是什么样子的？它对我来说意味着什么？”你之所以想成为老板，仅仅是因为你觉得你应该是老板，或是因为你觉得那是梯子通向的位置吗？也许你更适合做一名专家或者一名独立撰稿人。

> 我喜欢把职业生涯看作方格架而不是竖梯。你需要平衡你的业务专长和领导职责。你想处在方格架的什么位置？在你的职业生涯中，你处在什么位置最快乐且能提供（和收获）最大价值？和自己坦诚地谈一谈，了解是什么激励着你，你想在生活中得到什么。领导力就像一种专业能力，它是一种技能，并不是每个人天生就拥有或生来就喜欢的。
>
> 张锡璁（Deirdre Mcglashan）
>
> 竞立媒体（MediaCom）全球首席数字官

第二步　价值观 小结

要点

- 了解你想成为领导者的原因：是什么外在动机和内在动机结合在一起，让你想要采取这一步行动？从你的个人价值观和抱负开始，并以此为出发点。

- 明确一个职业目标，当你从事不同的工作、扮演不同的角色和承担不同的责任时，这个目标可以在你的整个职业生涯中伴随你并随着你的进步一起发展。目标的确定应该从对你重要的事情和你想要产生的影响开始。如果一开始你没有这些答案也没有关系。只要找到旅途的方向，其他的就会随之而来。
- 想办法找到你的“CLAN”：仔细选择你的“Company”(包括人生伴侣和工作的地方)，热爱你所做的事情，胸怀大志，有目的性地建立关系网。
- 不要把领导力之旅看作一场非上即下的蛇梯棋游戏。你可以把它想成画圈打叉游戏：你可能需要进行一些横向移动或斜向移动来保持前进，这是绝对没问题的。

练习任务

明确你的领导使命并把它写下来。它应该足

够野心勃勃，是你下个星期或者明年都无法实现的，但要足够切实可行，是可以在未来几年内实现的。列出一些你马上就可以采取的措施，以便你朝着正确的方向前行。

读一读、听一听

书籍

- *Mission: How the Best in Business Break Through*，迈克尔·海曼、尼克·贾尔斯（Nick Giles）。
- *Linchpin: Are You Indispensable? How to Drive Your Career and Create A Remarkable Future*，赛斯·高汀（Seth Godin）。
- 《离经叛道：不按常理出牌的人如何改变世界》（*Originals: How Non-Conformists Change the World*），亚当·格兰特（Adam Grant）。

音乐

- *Make Your Own Kind of Music*，爸爸妈妈乐队（Mamas and Papas）。
- *Go Your Own Way*，佛利伍麦克合唱团。
- 歌剧《图兰朵》选曲《今夜无人入睡》（*Nessun Dorma*），普契尼（Puccini）。

接下来

- 新型领导智能：数商、企商和融商。
- 领导力“进阶”的若干原则。
- 领导力关系网如何助你走得更快、更远。
- 树立自信心和保持健康的核心重要性。

STEPPING UP

How to Accelerate
Your Leadership Potential

第三步

速度：投资于你自己

在这一步中，我们将说明如何通过培养诸多核心技能、开发智力，拓展领导力关系网，以及将个人身心健康放在首位来打造你的领导力工具箱。简而言之，本章全部都是关于你的，因为正如美国著名作家托妮·莫里森（Toni Morrison）在作品《宠儿》（*Beloved*）一书中所言："你是自己最好的全部。"（You are your own best thing.）为了让你的领导事业加速腾飞，我们希望确保你拥有正确的工具且能获得必要的动力。

在我们开始讨论细节之前，你还需要记住一件事情：每一位你现在钦佩的领导者，都曾是没有经验的人，面对不知如何处理的事情，他们能够独自开启旅程，进行冒险和尝试。你可能不会感到百分之百的自信，但这完全没关系。没有全知全能的人，即使他们看上去自信满满且你认为他们非常能干。比起那些你已知的事物，全神贯注和认真学习的意愿更重要。

好学且怀有不断探索新想法并付诸实践的强烈愿望，是优秀领导者的一个特点。你可以从书籍、博客、视频教程和 TED 演讲中学习，也可以通过尝试来学习，而当你尝试的事情出错时，你能学到最多。将自己置身于更聪明机智的人群之中，你就能从他们身上学到更多。久而久之，你会建立起自信、积累经验并保持较好的业绩记录，这些会让你未来做得更好。

要想成为领导者，你要不断学习：对刚起步的新兴领导者是这样，对经验丰富的 CEO 来说，亦是如此。成为领导者要走的并不是一条功成名就、水到渠成的平坦之路。当你站在远处观察时，也许看到的是这样。但当你同自己钦佩的领导者私下近距离接触时，你就会发现，他们的领导力之旅往往却是一团混乱，充满崎岖，就像是艰难地爬上悬崖，他们要不停地走弯路、停下来喘口气、找到不容易被发现的落脚点。这感觉就像你刚开始要爬悬崖，从底部往上看一样陡峭。

所以，在我们开始讨论你的工具箱中需要哪些领导技能等实际问题之前，我们要传达的信息很简单：勇往直前，相信自己！不要在尝试之前就把种种可能性排除在外；无论你决定做什么，都要全力以赴。因为进阶是一次信念的飞跃，有时你会觉得自己快要失去平衡，就要狠狠地摔下去了。请记住，我们都深有同感，不管我们取得了多大的成就或是走了多远。当你取得进步的时候，当你带领一个优秀的团队做着有意义的工作，并取得了重大成果的时候，那种充实感和喜悦之情没有任何事情能够比得上。如果你是真的想进阶的话，这股信念会带你踏上人生之旅，一旦内啡肽释放出来，你尝到了这趟旅程的滋味后，就不会想要任何其他方式了。

当我指导自己的团队成员尝试具有挑战性的新鲜事物时，我经常会告诉他们，如果满分是 10 分的话，单凭有勇气站出来参与，他们就已经能得到 8 分了。既然已经走了这么远，就鼓励一下自己吧。你有志于此，并且乐于接受新思想，那么现在就让我们开始加速前进吧！

CHAPTER 6

第 6 章 拓展你的领导智能

在今天这个互联互通的世界，优秀的领导力不仅取决于你的智商或情商，还取决于你的数商、企商和融商。

随着时间的推移，关于优秀领导者应具备什么的观点也发生了变化。相比过去那些令人尊敬的领导者一贯具有的支配型人格和说教型风格特征，这一路走来，我们已经取得了极大的进展。

如今，绝大多数人都会认可一种说法：优秀领导力没有单一模式。这么多不同的领导者，他们有着各自的性格特征、动机和行事风格，还有这么多不同类型的企业和组织需要领导，怎么可能只有一种模式呢？你自己的领导风格需要随着时间的推移而发展和适应：如何展示你自己和企业的最佳一面，如何鼓舞和激励你的团队，如何应对挑战和挫折。久而久之，如果你能经常反思哪些是自己的强项，哪些对自己来说是挣扎，如果你主动向那些你信任的人征求看法并从他们给出的反馈中学习，你就会找到一种适合自己的行事方法：一个能体现你的价值观并反映出你的人格的方法。

领导力不应该是你在工作时戴上、在工作结束后再摘下来的面具；如果你认为领导力是这样的话，你将会承受巨大的心理压力，冒着让自己看起来虚伪的风险，并且最终总会有不愉快（或痛苦）的结局。如果你想长期坚持下去，那么就该表现得真实一点。你需要言出必行、说到做到，这意味着一切必须发自内心。

即便如此，也有一些优秀领导力需要的特质是可以培养并塑造成具有自己独特风格的。其中之一，毫无疑问就是情商（EQ），一种管理和驾驭情绪（能够塑造我们行为的推动力和积极性）、同情他人并与之建立联系的能力。情商固然重要，但它并不是你进阶成为领导者唯一需要的额外智能。

我们生活在一个数字世界里，有必要了解不断变化的技术是如何影响你的业务的；我们生活在一个日新月异的世界里，要想快速应对风险和挑战并在机遇来临前做好准备，就需要有企业家思维；我们生活在一个日益多元化的社会里，企业领导者需要满足更广泛的员工和客户群体的需求。你需要投入的不仅仅是智商和情商。让我们来看看（我们认为）你需要的几种思维模式吧。

数商

数字化通常被视为存在于孤立的部门、独立的行业或者整个经济领域中的一个利基行业中。事实上，数字化如今已经渗透到我们生活、工作和商业的方方面面了。据估计，在那些我们看来是传统非数字化的行业里，比如公共部门和金融服务领域，数字化工作岗位占比高达 42%。此外，根据 Tech City（英国）的消息，数字经济的增长速度比其他经济领域快 50%，为英国创造了 164 万个工作岗位。数字技术的发展正在释放巨大的机遇，催生新的思维方式和工作模式，但同时也带来了新的风险和挑战，特别是在网络安全和数据保护方面。所有这些都意味着，在某种程度上，各个行业都在成为数字化行业，因此，现在的每个领导者都必须是数字化领导者。

这并不意味着你需要刚一学会大小便自理就开始写代码。如果你精通编程语言，这会是一个很好的开始；但如果你不精通，也没有必要绝望。你可以修一门数字商业学院（Digtal Business Academy）的在线课程，或者用一天的时间完成Decoded的课程——它是一个非常棒的数字技术企业，可以帮助人们在一天之内熟悉数据建模。如果这还不够，在Makers Academy这种沉浸式开发者训练营中，你可以在12周内学会编程。如果这听起来太多了，那么你可以从与身边掌握数字化技能的人交往，向他们请教问题并学习他们解决实际生活中数字化问题的能力开始。

数商（Digital Intelligence，DQ）并不是一套关于编写代码的基本要点的技能组合，它是一种重视数字冲击以及商业行为衍生影响的思维方式，一种能够看到数字化机遇并思考如何通过数字工具和平台帮助人们发展业务、接触新客户、降低成本、开发产品或者优化服务项目的思维方式，也是一种识别出数字风险的思维方式。一家有竞争力的企业最快多久就能进入你所在市场并模仿你的社会营销策略？你是否在采取措施以降低科技对你的业务和客户构成的安全风险？数商还是一种能提出重要问题的思维方式。你是应该自己开发还是购买新的产品功能？你的数字化战略是“移动先行”(Mobile-first)吗？如何找出你团队中的数字原生代[一]并激发他们的积极性？在未来，人工智能将如何颠覆现有的商业模式？

作为一名领导者，你不需要成为一个拥有全部数字专业知识的人，但你确实需要投入时间深入了解与你的业务最相关的数字平台。如果你没有准备好卷起袖子大干一场、去学习数字化语言，那么你的进阶机会将变得越来越有限。

做一做

有很多地方可以训练你的数字技能。Primer

[一] 数字原生代指伴随着网络和手机等数字技术成长起来的人。——译者注

App是一款提供数字营销小技巧的便捷应用程序；数字商业学院则提供了一系列有用的免费在线课程，就如何开展数字业务、打造数字品牌以及利用社交媒体接触客户提供建议。你可以在网上或者领英上搜索你所在地区的相关会议，充分利用相关专家活动和培训机会。

智人智语：数商

拥有学习的心态对现在的领导者和未来的领导者来说都至关重要。这个世界正在以前所未有的速度发生变革，而技术则是导致变革的关键因素之一。这种变革正在颠覆传统的商业模式、等级制度和人的角色。然而，我们中有多少人能说自己真正了解屏幕背后的技术，如那些向机器发送指令的1和0？不到1%吧？如果我们特别关注领导力领域，就会发现真正了解领导力的人占比可能比这还要少。未来的领导者将全力以赴地接

> 受科技教育，无论他们处于什么年龄段或者职业生涯阶段。他们将努力培养自己深厚的数字素养和自信心，这将使他们能够提出正确的问题，并理解如何通过使用代码访问编程接口来实现业务领域的人工智能化，从而实现真正意义上的创新。
>
> 凯瑟琳·帕森斯（Kathryn Parsons）
>
> Decoded 联合创始人兼 CEO

企商

你可能是已经在经营自己企业的人，可能是渴望自己创业的人，也可能是更喜欢待在大企业里工作的人。哪一种都无所谓，在这个变革不断的时代，无论你所在的企业规模有多大，你都需要有企业家思维，有企商（Entrepreneurial Intelligence，EnQ），只有这样才能发挥出你的领导潜力。为什么呢？因为在这个充满高度不确定性的时代——无论是由数字化转型、工作流程自动化，还是不再可持续发展的传统商业模式造成的，各种规模的企业都在努力应对来势汹汹的市场变化，并以能维持生存和繁荣的速度实现革新。

企业家有各种各样的类型，但是企业家精神本质上是一种打破障碍的能力，一种敢于突破的勇气，以及在开拓新领域时支持自己和团队的自信；它还意味着，你要能履行你的承诺，做好你的工作，不受办事程序、官僚主义和“不能做什么”的束缚。企业家是做实事的人，能让自己和他人都展现出最好的一面。优秀的企业家能激发团队成员的专注和投入，从而取得优良的业绩。

如果你想提升领导力，有很多种企业家品质可以帮你凸显优势——拥有从无到有的勇气，和面对激烈的市场竞争或者潜在的市场冷淡能继续建设的勇气；敢为人先，对风险最大的假设进行验证，并且能在很短时间内接受自己的失败；保持灵活性，能不断调整路线、修正假设并调整自己在企业里所扮演的角色。

培养企商需要你发现那些真正需要去解决的问题，并用最简单便捷的办法迅速解决问题并使客户满意。你需要表现得像企业的所有者一样，热切地关心你的工作，让那些能够做出成绩的优秀人士加入你的企业，弥补你的不足，并帮助你把梦想变成现实。你可能不打算成为一名企业家，但是如果你真的想发挥自己的领导潜力的话，你就得学着像企业家一样思考和行动。

做一做

尝试用崭新的眼光看待你目前正面临的问题或者手头正在处理的一项重要工作。怎样才能简化这个问题或程序？你需要首先验证的风险最大的假设是什么？有哪些同事、客户、专业学者、同辈或竞争对手可以帮助你更快完成这些？

智人智语：企商

贵在采取行动。你永远都不可能得到完善的信息。在这个快速变革、充满不确定性和难以预测的世界里，你甚至可能永远不会得到特别可靠的信息！所以还是行动吧，做就对了。要弄清楚你自己在做什么以及这样做的原因。如果有效，那就多做一些；如果真的有效，就尽全力去做。直到这样做没效果了，再做一些其他的事情。恐

> 惧、犹豫和迟疑会使人停滞不前，所以你必须要克服它们。失败没有关系，只要你迅速采取行动就好。
>
> 斯库特·巴顿（Scoot Button）
>
> Unruly 联合创始人兼首席战略官

融商

下次开会的时候，你可以尝试记录并对比一下男士和女士分别发言的时间。数一数女士在发言时被打断的次数，再数一数男士打断别人的次数。你会发现，讲话多的和打断别人发言的大部分是男性。

许多研究均揭示了一个残酷的现状：有太多的职业女性不愿说出自己的想法，因为她们要么担心自己得不到倾听，要么担心自己说的话会给人留下消极的印象。

这本身就是一个严重的问题，但只是冰山一角：也就是说，现如今许多企业多元化和融合的水平还很低。正如之前提到的，尽管我们已经有所进步，但是大多数企业特别是大企业仍然掌握在少数特定社会阶层手中。在许多社会群体中都存在着缺乏包容性的问题。这关系到种族和经济背景、性别差异，也关系到因残疾、有健康问题或者不同的性取向或政治立场而被剥夺平等代表权的人。

只有这些人的声音、想法和经历得到倾听，企业才能真正做好代表工作并满足每一位客户的需求。这意味着，如今的企业家既要懂数字化，有企业家素养，可以协调情感，又要有包容心，即融商（Inclusion Intelligence，InQ）。他们不但需要鼓励，而且需要积极支持有助于做出关键决策的种种声音。追求社会融合并不是承担企业社会责任的对策，它应该是领导者具备的一项基本精神特质。这不是为了做好事，而是为了把工作做好。

做一做

下次开内部会议或者管理层会议的时候，你一定要采用不同的方式。你可以邀请那些平时不参加的人出席会议，让那些通常不发言的人发挥特定的作用，鼓励那些喜欢发言的人倾听他人并向他人学习。

智人智语：投资于你自己，并做你自己

为你的领导力发展投资至关重要。你不能把你职业道路上的责任转出去。唯一能激发你潜能的人是你自己。你的发展机遇可能是由其他人发现的，但是必须由你来努力展示自己。你需要把握住自己的职业道路方向。我一直觉得向其他领导者学习，征求他们的意见和建议，参加研讨会倾听并学习他们的经验非常有益。领导力发展是一个重复的过程——每天都需要做。你需要提醒自己，你可能会退步。为自己寻找良师益友，问问他们有什么不同看法吧。

海伦·麦克雷（Helen Mcrae）

传立媒体（Mindshare）英国首席执行官

CHAPTER 7

第 7 章 打造你的领导力工具箱

能进阶的领导者会执着于使命，把员工放在第一位，从不等着别人来提要求，还会带头做团队中的乐观主义者。

我们现在希望你思考一下第 6 章中讲的新型领导智能在实践中意味着什么。在项目管理和团队管理的日常环境中，一个有数商、融商和企商的领导者是什么样的？你该如何运用这些智能，让自己迈出通向领导岗位的第一步，或者改变你在目前岗位中的行事风格？你会有什么样的进步呢？

为了帮助你解答这个疑惑，我们确定了如图 7-1 所示的四项核心原则，相信这四项原则对你的进阶之路、培养并发挥你的领导潜力至关重要。

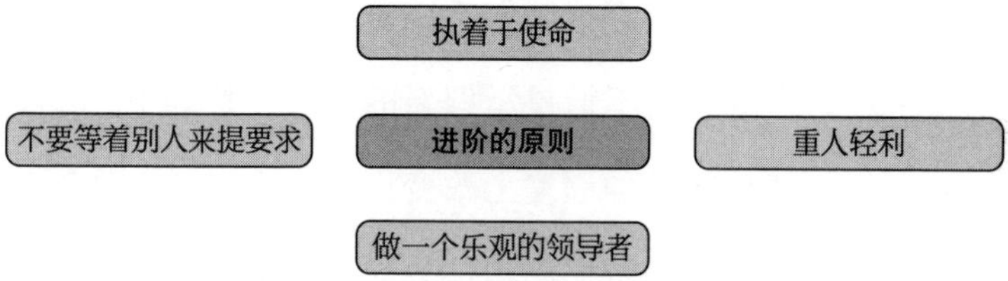

执着于使命

不要等着别人来提要求

进阶的原则

重人轻利

做一个乐观的领导者

图 7-1　进阶的四项核心原则

执着于使命

要想进阶，你就要做一个任何事情都以使命——不管它是个人的还是集体的——为核心的领导者。毕竟，如果你不能坚持的话，光有一个指导性目标也毫无意义。你所做的一切应该在某种程度上有助于完成你自己的和你所经营的企业的领导使命。把使命作为一个衡量标准，以此对你所做出的决定以及优先采取的行动进行评估。你为自己和团队设定的目标应该成为一个透镜，借此你可以知道能够接受哪些客户委托的业务工作，可以开发哪些产品以及如何进行团队合作。要不断问问自己："这个与我的使命相关吗？这有助于我们更接近想要实现的目标吗？"如果答案是否定的，那么你可能就需要重新考虑一下了。

不要等着别人来提要求

进阶成为领导者意味着你不能做一个踌躇不前、等着别人来提要求的人。不管是承担新的责任，计划下一步的职业发展，还是在某种程度上改变你的工作方式，你都应该掌控自己的命运并承担起责任去实现你的目标。虽然并非每个人都是天生自信的人，但是认识到这一点很重要：那个是个人才就能够轻而易举脱颖而出的时代已经一去不复返了。你不能再指望单凭你工作表现出色这一点就得到认可和奖励了；你必须要让大家看到你工作表现出色，做自己的冠军，主动要求承担新的责任并提出行之有效的建议。如果你已经担任领导者角色，那就更有理由做出一些成绩了。这是一个你必须塑造自己未来的世界：要大胆一些，敢于用双手抓住机会。

重人轻利

进阶意味着你要意识到，你必须既要考虑利润，又要考虑员工的需求。虽然许多人可能会认为，领导者最重要的职责是提高并维持利润率或股东价值在高水平，但是这忽略了一个基本的现实：没有人就不会有利润；没有一个专注、投入和积极的团队来维持，任何规模的业务都不会存在。我们并不是说你应该疯狂地为你的团队花钱或者总是为他们支付很高的薪水；相反，对大多数有上进心的人来说，拥有一份有意义的工作且能自主支配自己的时间比大量津贴和更多的钱更重要。我们想说的是，让你的主要领导力集中在打造一流团队上，你可以通过设置一些程序和优先事项，让你的团队感觉他们是企业中最受支持、最受认可和最自主的团队。如果做对了，团队就会回报你比你做的多很多倍的付出。

做一个乐观的领导者

无论你是第一次担当领导角色，还是想要带领你现在的团队更上一层台阶，进阶都需要你十分乐观并有正能量。乐观是极富感染力的，我们都喜欢和生活态度积极乐观的人在一起。领导团队的时候，你会想成为一个设定高集体目标的领导者，也想成为一个传递信心和必胜信念的活动家。消极的心态会阻碍整个团队的发展，领导者的悲观论调——即使表现得非常不明显——也会有损团队的士气，迅速动摇你的业务目标。任何时候都要在困难中寻找慰藉并把自己看作“首席乐观官”（Chief Optimism Officer，COO）。相信我们，如果你的领导方式在日常中行不通，那么现实会为你提供纠正错误的机会。

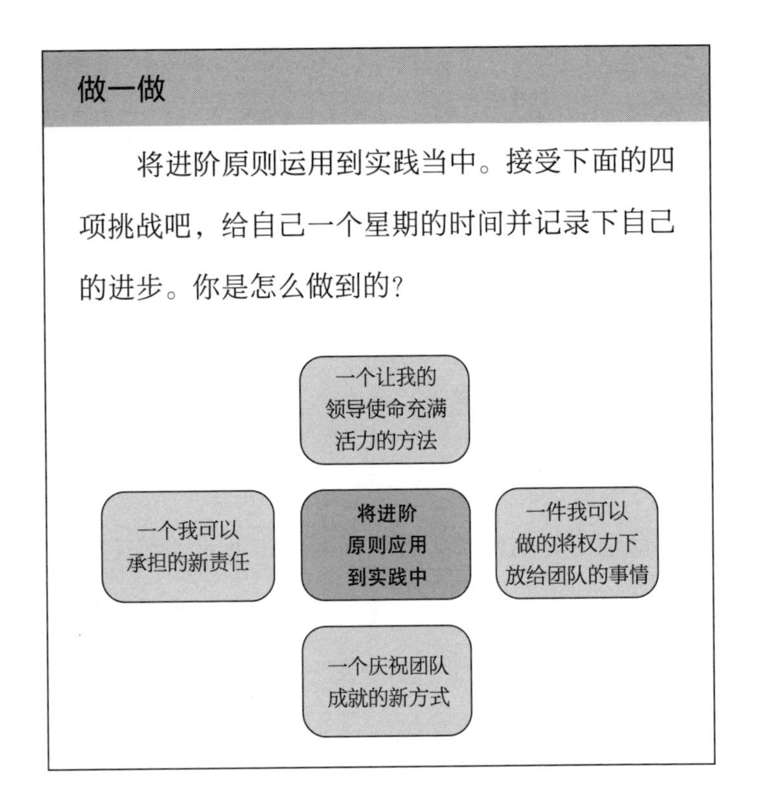

CHAPTER 8

第 8 章 树立信心

当你培养领导能力时，要主动采取积极的方法来树立你的信心：像练肌肉一样训练并树立起信心。

我们刚刚概括的进阶原则都需要人们投入大量精力。但这并不是说领导者必须像金霸王电池兔子（Duracell Bunny）一样在办公室里蹦来蹦去，每看到一个人就要同他击掌。而是说，始终保持乐观，专注于工作目标，获得来自团队成员的支持，以及在面对挑战时展现出韧性，都需要你投入精力，这就意味着你只有处于最自信的状态，才能进阶成为领导者。

在我们自己的商业之旅中，我们一次又一次看到那些新兴的领导者因为缺乏自信而没能迈出下一步。不是因为缺乏能力，不是因为缺乏技巧，也不是因为缺乏才干，而是因为缺乏信心。好消息是，我们可以解决这个问题！我们之所以可以解决这个问题，是因为信心并不是什么与生俱来的能力，也不是什么固有的性格特征，而是一种可以通过实践来学习、培养和磨炼的行为特征。不要把信心看作一个易碎的花瓶，需要你不断地扛着它走过大理石地板；要把它看作一块肌肉，随着时间的推移，你会通过努力和积累经验来训练并树立起信心。

萨拉语录：相信自己

今天，在我的联合创始人和执行团队的支持下，我领导着一个有着超过 300 名员工的蓬勃发展的全球企业。然而，回顾 2006 年，那时没有产品，没有平台，没有客户，有的只是我们三个联合创始人。相信我，那时的我和商业领袖之间差了十万八千里。

那个时候，我并没有扩大企业规模这方面的重要经验。我曾经利用大学假期的短暂时间在伦敦开了一家小餐馆，还在湖区开了一家巧克力店，这些可能就算是我为艰苦奋斗成为小企业主所做的准备工作，但这远不是正规的训练。而且，在之前的几年时间里，我还先后是伦敦大学学院和萨塞克斯大学的学者，那时我的专长也不是广告技术，而是美国文学。

当我们刚开始运营Unruly时，我发现自己正在为那些在这个行业工作了几十年的人编写关于数码广告活动的报告，而在此之前，我甚至从未拍摄过广告或策划过媒体活动。这多少令人有点不知所措，但是我很快就意识到，懂得最少意味着可以学习的东西最多，可以收获的东西也最多。

所以，虽然你可能没有什么经验，但如果你有雄心壮志，有学习和发展的欲望，你完全可以弥补这一点。不要花费时间和精力去担心那些你

> 不知道和不能做的事情，而要巩固你的优势，把精力集中在那些你能学到东西的事情上。要有信心去做那些略微超出你能力范围的事情。只有把自己的能力发挥到极限，你才能发现你真正能做到什么。

在你的职业生涯中，把自己当作领导者来进行自我投资将是一个持续的过程。虽然本书中的很多建议都是为方便立即实施而设计的，但是作为领导者，你永远都需要树立信心。如果你出色的工作表现全部得到了认可，而且你还得到了新的晋升机会，那就更需要如此了。下面是一些可以帮助你树立信心的积极策略。

善待自己，保持微笑

有些时候，事情会变得很艰难，你会感到膝盖颤抖、喉咙发紧。这种时候不要对自己太苛刻，要善待自己。在重大活动开始前，比起为讲稿而苦思冥想，我（指 Sarah）发现这样做会更有帮助：对着镜子里的自己大声说出那些如果妈妈和我在一个房间里，她会对我说的话："你会表现得很好的。尽力而为，这才最重要。"天啊，我妈真聪明！说句实话，当你身边的人有足够的智慧和经验来助你一臂之力的时候，工商管理硕士（MBA）学位就没有用武之地了。（这里还要给每个专注于自己职业发展的人一个小建议：花点时间给你的妈妈或其他在你性格形成的童年时期安慰过你的家人和朋友打个电话，是他们或多或少成就了今天的你。因此，在他们最不经意的时候表达出你衷心的感谢，他们会不胜感激的！）

事实上，我几乎每次从镜子前走开的时候都会对自己微笑（或者是因为自己滑稽的行为而笑出声来）。无论我是在洗手，还是在跑步机上锻炼，抑或是在清晨打开衣柜，我都很重视这种仪式感。因为微笑可以释放人体内的血清素，它能够减缓心率、降低血压，让我对自己更满意，也更友善。

每当我七岁的女儿森迪（Sunday）准备尝试一些令人害怕的新鲜事物时，我都能听见她严厉地对自己小声说道："森迪，你可以的。"后来我也这样做。这非常简单，今天你就可以试试，多次重复之后，它就可以帮你树立起长期的信心，培养长久的韧性。如果你真的很想进阶，那么你就会面对很多挑战，所以要善待自己，强化自己内心支持和鼓励而不是批评和抱怨的声音是件好事。

吸取教训，继续前进

当你尝试做某件事，事情却没有按计划进行，你的信心受到打击时，该怎么办？请记住爱尔兰作家詹姆斯·乔伊斯（James Joyce）的话："错误是通往新发现的入口。"（Mistakes are the portals of discovery.）你不可能每次都得到想要的结果，可是每当事情出错时，你能学到的东西最多。工作中最糟糕的一天恰恰能为你提供最佳的学习机会。你在旅途中受过的所有伤终会帮助你成为一名成功的领导者，同时可以让你有所准备，在下一次用不同的方式做得更好。

这就是我们所说的韧性。要学会从容应对挫折，让它们为你所用。成功攀登一座大山需要好几次，你在前几次尝试中学到的会让你最终征服它。不管你做什么，都不要为犯错而焦虑——因为没有做好展示或搞砸了项目发布而自责不已并不能帮助你有更好的表现。这样做是在浪费精力，因为你已经无法掌控过去，所以还是着眼于未来吧——专注于你能改变什么，这样你下次就会对自己的成果感到更满意。当你做错事情的时候，要接受这个现实，吸取教训，然后继续前进。

智人智语：练就厚脸皮

杰出的领导者自信、积极，且从不停止学习。我很幸运拥有非常优秀的女性榜样：我的祖母和我的母亲。我在我们公司需要的领导者身上要寻找的是“3个G”：

- 态度坚定（Grind）：我指的是要有坚持下去的意愿，干事业并不容易，你必须为继续前进做好准备。
- 风度优雅（Grace）：不是每一件事都会顺利，我要寻找那些在压力下还能保持优雅的人。
- 下定决心（Grit）：我需要那些能专注于实现目标的人。

我给这一代新兴领导者的一贯建议就是要练就厚脸皮。不是人人都会喜欢你，也不是人人都会赞同你的看法，因此你不能太敏感。

黛比·沃斯科（Debbie Wosskow）

度假换房平台 Love Home Swap 首席执行官

智人智语：尝试不同的风格

如果你选择做领导者，那就阅读一些领导力方面的书籍，但也要观察别人，看看哪些东西对他们有效。花点时间去观察，学学别人的领导方式。不要害怕，去尝试不同的风格，直到找到适合你、让你感觉轻松自在的那一种。就像买衣服之前要先试穿再做决定一样——在衣架上看起来好看的衣服实际上可能并不适合你。但是当你感到舒适放松的时候，你就有自信了。没有什么能比自信更有效，也没有什么能比自信更有吸引力。

张锡璁

竞立媒体全球首席数字官

自我监督，保持一致

作为领导者，你需要不断地观察和监督你自己，以及你的行为和决定。在什么情况下你会展现出不错的天赋？在什么情况下你会表现不佳？观察自己在面对压力时的表现。每天都观察一下别人对你的态度；你是否注意到有人只是想取悦你而不告诉你坏消息？你是否知道该如何谦虚谨慎，接受自己最糟糕的一面，同时努力争取下次做得更好？你的情商越高，你就越能控制自己的冲动和情绪，并保持行为一致。在佛教中，它被视作一种驯化“心猿”[1]的能力，例如，你可以培养自己的能力，让自己在遇到事情时能够不受思想杂念的干扰和情绪波动的支配，做出正确的情绪反应，更有效地进行自我调节。有些人通过冥想或正念疗法来提高管理自我情绪的能力。

学会监督和控制自己的情绪是提升领导力的关键，因为没有人想要和一个情绪不稳定的同事一起工作，也没有人想要为一个上一秒还皱着眉头、下一秒就跟人兴奋地击掌这种性格善变的老板工作。这会让人感到困惑和不安，

[1] 佛教用语，指心意好像猿猴一样控制不住，心里东想西想，安静不下来。——译者注

而且，如果他们不知道该怎么支持你，也不知道每天能对你有什么期待，那么你的团队就不太可能发挥出最佳水平。重要的不光是你与人面对面说话的方式，还有你在电子邮件——一种出了名的难理解的沟通方式——中交谈的方式！通过电子邮件沟通很容易就会被误解，无意中就会给人留下唐突草率、不屑一顾或粗鲁无礼的印象。因此，要注意自己在电子邮件中的语气，保持积极正面，如果有什么疑问，建议你干脆不要在邮件里提，选择和当事人面对面交流。

智人智语：监督自己的心境

你了解自己的心境吗？知道它是如何影响你的决策的吗？如果处在更好的心境中，你会做出一个更理想的决定吗？如果你能冷静下来考虑清楚，也许当初该好好听听，这样就不会错过眼前的机会了。我一直努力赋予我的团队自主权，让他们能在正确的心境中做出正确的决定。我还教导他们要认识到人人都有各自独特的现实情况，

> 因此需要检查一下自己是否理解了对方的意思，看看是否每个人都听到了同样的信息。
>
> 詹姆斯·莱菲尔德（James Layfield）
>
> 连续创业者、联合办公空间
>
> Central Working创始人

定期寻求反馈

然而，你不可能是唯一监督你自己的表现的人。仅仅依靠个人直觉进行自我评估，就相当于用一个在热水龙头下烫过的温度计测体温。你需要一个准确的衡量标准，而要想建立信心，一个最好的方法就是定期向你的同事们寻求反馈。就其本质而言，你对自己的工作表现和个人影响力的看法是主观的、狭隘的、片面的。你可能会为一些在别人看来根本不是问题的事情而担心，或者至今没有意识到你的工作方式存在盲点。

无论采用哪种方式，你都有很多实时机会可以从同事和经理那里寻求反馈。做一些简单的事情，比如，问问同事对客户会议有什么看法，以及有什么地方需要你改进，便于你下次做到。寻求反馈更正式的方式是，请人力资源团队对你进行 360 度的反馈，让你的团队中所有级别的人都可以给你反馈，包括上级、下级乃至跨部门的员工。不管你最喜欢哪种反馈方式，也不管你选择如何收集反馈，都要确保你在积极主动地寻找反馈，并反复将自己的直觉与别人的观察和评价进行核对。当你收到负面的反馈时，不管你是否同意，一定要用心、诚恳地倾听，真心地向对方说声谢谢！在进阶之旅中，反馈是一份珍贵的礼物，它与马里奥赛车（Mario Kart）游戏中的金色蘑菇一样有价值，可以让你在赛道上加速前进。

不断实践

要想成为一名优秀的领导者，你不需要做一个完美的人，但是你确实需要在工作中不断实践，并了解自己的盲区以及采用哪些方法可以消除盲区。早在 20 世纪 60 年代，4 位利物浦的小伙子花了 10 000 个小时进行乐队训练才组成了后来闻名于世的披头士乐队（The Beatles）。如果你真的想发挥领导潜力的话，致力于自我提高是至关重要的。在工作中不断实践是一种经过验证的可以提高自信的方法，特别是在你有重要的面试或者有非常想搞定的客户演示这种里程碑式的时刻。花些时间做准备，这样你就更会有掌控一切的感觉，并且知道不管结果如何，你已经付诸努力并且尽力而为了。

智人智语：关注自身优势

你不能只是简单地告诉别人要自信。人们不在意听到什么，但会在意看到的。你的行为举止比任何语言都更具说服力。为了建立信心，我们使用了盖洛普优势识别器（Gallup's Strength Finder）来关注优势，而不是劣势。我们发现对于缺乏自信的人，特别是女性，谈论自己不擅长的事情是没有帮助的；相反，我们赞扬并鼓励人们对个人长处和独特才能拥有自我认知。

我们每年都在公司中组织大型技能培养活动，在活动中，员工们被迫走出自己的舒适区——例如，必须要创作、制作或者主演一部戏

> 剧——既告诉了年轻人高级管理人员也不是什么都擅长，也向高级管理人员展示了年轻人不为人知的才华！这对所有人来说都是难忘的一课！
>
> 埃德温娜·邓恩（Edwina Dunn）
>
> *The Female Lead* 作者、
>
> 社交媒体分析机构 Starcount 首席执行官、
>
> 乐购积分卡（Tesco Clubcard）开创者

重视自己已有的成就

对成就比预期更大的超成就者来说，可能很难花时间去仔细思考已经取得了哪些成就。我们敦促你在每天结束的时候花一点时间来思考一下，认可你在生活中每一天所取得的成就。拥有了这种长远眼光，你可能就会注意到，你是大学班级里唯一自己创业的人，或者你会很感激自己在没有父母帮助的情况下独自出钱搬到一个新的城市，依此类推。总会有一些属于你个人的独一无二的成就。学会重视这些成就吧。留意生活中那些美好的事物，想想你是如何拥有它们的。要想获得一种根深蒂固的、十足的信心，你需要欣赏自己以及为取得今天的成就所克服的一切。信心并不只关于明天以及未来可以取得什么成就，信心也关于过去，对那些成就了现如今的你的一切予以肯定。你已经进步了很多，表扬一下自己吧。

心存感激

以感恩之心对待生活的人会感激已有的机遇，也更乐于接受未来的机会。当事情没有按计划进行时，学会感恩的人因为能正确看待挫折，所以往往更有韧性，也能更快地恢复元气。当机会来临时，他们会因为有更多做事、获得成就的机会而感到更加幸运——这种开明的思想带来了成功和信心的良性循环。当你的客户感受到你十分重视他们的业务时，他们会以高客户忠诚度来回报你；当你的员工和团队成员感受到你真的感激他们为工作做出的努力时，他们会以支持和努力工作来回报你。想一些小方法来向你在乎的人表达感激之情吧：可以是一封简短的电子邮件、一张感谢卡，也可以是一份私下送的小礼物。

慷慨大方

有信心的领导者往往也是慷慨的领导者。他们不会将领导力看作你赢我输的零和博弈（Zero-sum Game)，相反，他们将其视为非零和博弈——我们都能赢，你赢并不代表我会输。有信心意味着能容得下每个人，大家都团结在一起，每个人都能有很多收获！有信心的领导者往往乐于与同侪合作、寻求双赢、不断前进，同时还乐于支持和鼓励下一代领导者成长。在实际情况中，一个慷慨的领导者是什么样的？是能够给身边的人赞美和认可，对人委以重任，给人提供机会，能够付出时间、分享人脉，给予人们支持并准备好帮助他人的人。

将待办事项改为任务打卡

与其持续关注待办事项清单上的下一个任务是什么，不如为你已经完成的事情列一个清单——“任务打卡清单”可以是一个已完成任务的清单，用来提醒你自己自工作以来、这个星期或者今天的效率有多高。按时完成了我的项目——嗒哒打卡！在会议上清楚地表达了我的担忧——嗒哒打卡！帮助财务部门解决了销售人员的问题——嗒哒打卡！试一试，看看你能在任务打卡清单上列出多少项。这样做很有趣，不光因为你可能从会做前滚翻、试着倒立的孩童时期以来就没有使用过“嗒哒”（Ta-dah）这个词，这对今天的工作来说也是一个好兆头！如果你任务打卡清单上的对钩不够多，那就更有理由在第二天更加努力了。

一段时间之后，你再训练自己专注于结果而不是行动，以及专注于提升对工作成就的满足感。专注于你所取得的成就会让你意识到你已经有所作为了，同时也会帮助你建立信心。把消极思想转化为积极思想，缓解焦虑，增强自己的信念，相信一切皆有可能。例如，与其认为“它不会发生”，不如对自己说“它可能会发生”。这些态度上和思维模式上的微妙转变能激发更乐观和自信的精神，受其影响，你会取得一个更积极的结果。在关注尚未实现的目标的同时，也关注一下已有的成就吧。

记住，旅途本身就是收获

在你完成了一个重要目标之后，你将不再是当初刚踏上旅途时的那个你。实现目标的过程以及沿途收获的经验将会改变你，这就是为什么说旅途本身就是收获。那种为实现目标而努力工作的自制力将强化你的优势，提高你的技能，丰富你的经验，使你能够做得更多，走得更远。在此过程中，你可能已经变得坚韧、有耐心、充满勇气。你会获得更高水平的体验，这意味着你现在会从不同的视角来看待以前的挑战——从一个更好的角度看，挑战就不再像以前那样看起来令人望而却步了。毕竟，你已经做过一次了，还可以再做一次。你可以迎接下一个挑战。如此这般：以信心建立起信心。一个成功可以带你走向另一个成功，因为每一个成功背后的故事和历程都会使你变得更加强大。我们任何时候都可以在更漫长的旅途中得到安慰，同时也能够意识到到达目的地并不是成功的唯一标志。一路走来，正是你当下所做的一切将你塑造成领导者的。所以，不要只是关注最终目标：要重视你现在每天都在培养的技能及积累的经验。

智人智语：消除消极情绪

现如今，人生更加复杂，也并非一帆风顺。不管你想要什么样的进阶，是想要升职还是创业，如果这是你想要的，那么我强烈建议你去争取。我从未为自己所冒的那些职业风险而后悔，这些风险都给予了我回报。走自己的路，不要试图模仿别人。发挥你自己的优势，把消极情绪放到一边。

当然，你需要继续学习并向别人寻求反馈，但是要做你自己，开拓自己的道路。要努力工作，与人为善，记住：再怎么慷慨也不为过。做一个善良的人，并努力把工作做好。虽然有些人仍然认为随随便便就能成功，但我认为真实的世界并非如此。比如，成立一家公司其实是很难的事情，比当初设想时要难得多。随之而来的回报，不管从个人生活角度来看还是从职业生涯角度来看，都会令人非常满意，但这仍是一项艰苦的工作。

玛莎·莱恩·福克斯女爵

英国开放大学校长、在线预订网站

Lastminute.com 创始人

做一做

每天做一个简单的练习将有助于你树立信心。你可能听说过“随缘行善”（这非常酷），嗯，用同样的思路，试着每天拿出一点勇气，你就会熟知哪些事情让你感到害怕，然后通过强迫自己走出舒适区来增强信心，进而意识到你可以取得超乎预期的成就。

CHAPTER 9

第 9 章 建立领导力人际关系网

每个成功的领导者背后都有一个由支持者和密友组成的关系网，建立这样一个领导力人际关系网就是你对自己最重要的投资之一。

脑海中一浮现这样的画面：人们热情地端着酒杯随意地聊天，还有人回头看去，想找一个更好的倾诉对象，有些人可能就会觉得社交是件令人恐惧的事情。

但毫无疑问，作为一名领导者，建立领导力人际关系网是你最佳的能量提升工具之一。就像要花费时间和精力培养管理技能一样，建立领导力人际关系网也非常有必要投入。面对当今快速发展的市场，你可能会在不同的时期、在不同的公司里担任不同的领导职务。你不能（每次都）把你团队里的优秀成员带走！但是你建立的领导力人际关系网会与你同在：它会与你一起成长，随着你在领导力之旅中的进步而延伸、演变。如果你目标明确、慷慨大方、追求互惠并以此为基础建立领导力人际关系网，那么它将在某些方面发挥关键作用，为你提供你做梦都想不到的机会。

为什么良好的领导力人际关系网如此重要

能够帮助你学习

一个好的领导力人际关系网会包括许多不同类型的人员及组织，但最基本的是，这个领导力人际关系网里的人应该都是你可以向其学习的。他们可以是前程似锦的新生代创新者、你的同行，还可以是你所在领域的学科专家。

有时候，作为领导者，与旁观者（即与决策结果没有利害关系的人）讨论自己所面临的难题会更好。不是所有的事情都可以独自解决，有一个由职业顾问、非职业顾问以及可以为你做参谋的朋友组成的领导力人际关系网是件好事。拥有了领导力人际关系网，你就可以向行业里那些有意思的人学习，他们通常是你分享想法、了解未来发展趋势的最佳人选。

能够遇到帮助你成功的贵人

你的事业需要很多人的帮助才能成功，这些人可以是你的员工、生意合作伙伴、客户以及供应商，也可以是能够给你投资的天使投资人、风险投资人，还可以是在这方面能发表评论的记者、市场分析师。

虽然有很多正式渠道可以结识这些不同类型的人，但是如果你在更加非正式的、非事务性的场合中发展人际关系，这种关系将会更加牢固。某个你在活动的早餐时间或者通过会议发言遇到的人，就是在你没忙于公务的时候认识你的人。相比只在工作过程中与人结识，这能为建立一种非事务性的、以信任为前提的工作关系提供更牢固的基础。

可以让别人认识你

当你成立一家企业时，树立企业形象是成功的一个关键要素。这种成功很大程度上取决于你如何以领导者的身份向那些最重要的支持者——从潜在的新员工到投资者、客户和媒体讲述你的创业故事。作为领导者，你绝大部分最有价值的工作都将通过接触那些可以帮助你的企业发展，而你也可以反过来帮助他们并为他们提供机会的人在办公室之外完成。

如果你想在别人的企业中发展自己的领导事业，也是一样的道理。在这个阶段，你书写的是你自己的故事：你可能正在寻求新的身份，或者想要结识那些可以帮助你、为你迈出下一步提供建议的人。不管你处于哪一个阶段，都要让自己走出去，越早越好：你永远不知道在什么时候可能会需要自己结识的那些熟人和经营的人际关系。建立领导力人际关系网也是一种良性循环，随着时间的推移，你认识的人会很乐意把你介绍给他们认识的人，而一个热情的介绍比起一个从未听说过的人打来的陌生电话更有可能产生效果。本书的创作就是这方面的一个例子——虽然我们每周都请领导力教练来指导我们，但我和尼亚姆是经马特·史蒂文森（Matt Stevenson）介绍才互相认识的。马特是足球慈善机构街头联盟（Street League）的首席执行官，才华横溢、有鼓舞力。我和马特相识已久，如果他介绍人给我，那么我知道这个人对我来说就是最好的人选。其余的就人尽皆知，无须赘述了！

利益互惠是成功建立起领导力人际关系网的关键，所以要想办法同那些你希望能够加入你的领导力人际关系网的人建立起一种互惠互助的关系。想想有哪些你可以自由使用的工具能为你的领导力人际关系网带来价值，同时考虑一下哪些人脉可以使你的业务利益最大化，然后找到最佳切入点。你能为建立公司博客对他们做个采访吗？你能举办一个活动并请他们在小组讨论中发言吗？或者能否邀请他们在你制作的播客中担任思想先驱？如果你能提供一个宝贵的机会让他们做自我介绍，那么这可能会为他们吸引到潜在的客户。要努力让身处其中的每个人都认为这种社交是有意义的——既对你和你自己的生意有意义，又对你的人脉和他们的生意有意义。只有这样，你才能同别人建立起长久的人际关系，而不是那种只有“10 分钟谈话”或漫无目的“喝杯咖啡叙叙旧”的关系。那么有没有建立领导力人际关系网的黄金法则呢？答案就是：一定要多付出，少索取。

做一做

绘制你现有的领导力人际关系网。列出以下几项：

- 你认识的且可以帮助你进阶的三个业内人士。
- 你认识的且同样能帮助你进阶的三个业外人士。
- 可以帮助你进阶的三家公司或组织机构，如果你能更了解它们的话。

对于每个人，都要了解清楚你具体可以做些什么来帮助其实现目标。如果你还不知道他们有什么目标，需要一点灵感，可以看看他们的社交资料上有没有更新什么内容，或者看看他们公司最近的新闻稿——这些就是他们目前热衷于宣传的东西。这样你就有了聊天或者邮件的开场白了——现在，你还等什么呢？

智人智语：建立领导力人际关系网

我对年轻一代的建议就是：考虑问题不要局限于你办公桌上的那点工作。要了解一下你的老板目前有什么当务之急，听一听你的上司们传递的信息。我发现还是很少有人能真正倾听——更少见的是能根据指令采取行动！倾听并思考一下如何为公司做出个人贡献吧。建立一个有影响力的个人品牌，利用社交平台来打造你的领导力品牌。你可以利用自己的网络形象来明确展示你相信以及重视什么。明确表示你关心哪些事情，这样做将向你的客户和团队释放出积极的信号。

保罗·弗兰普顿（Paul Frampton）
哈瓦斯传媒集团（Havas Media Group）首席执行官兼英国区总经理

领导力人际关系网中都有谁

结合诸多方面来看，领导力人际关系网就是一个有机产物，随着你在各种活动、社交场合和别人介绍中遇到更多的人，它也会不断发展壮大。你永远都不知道谁会出现在某个特定的会议上，或者你会在酒吧里偶遇到谁——这就是你走出去社交的动力，也是其中的乐趣！

与此同时，投入时间和精力去建立领导力人际关系网，寻求人才并将他们纳入关系网是值得的。你的领导力人际关系网里至少要有以下几种类型的人。

导师

许多领导者都喜欢与那些在领导力之旅中先行一步的人交谈，后者经历过很多与自己相似的日常难题和艰巨挑战，并且幸存了下来。如果你正在寻找导师，最好是找那些和你有相似经历的人，因为他们能够对你的处境感同身受，愿意倾听你、鼓励你，并且能够帮助你应对那些重大的挑战。当我们在2017年创作本书时，聘请导师和参加导师项目很流行，而且人们有时对此还抱有不切实际的期望。导师并不会告诉你该解雇谁，也不会告诉你接下来要如何拿下一个大客户，但是他们可以倾听你面临着什么挑战，提出一针见血的问题，并给出一些你自己想不到的建议。因此，你可以了解一下自己的公司或者部门里的导师项目，并让这个项目延续下去——如果你有幸拥有一个导师，就想想你反过来可以去指导谁。越早帮助他人进阶越好，根据我们的经验，那些进阶时间只领先一两年的导师往往对人最有价值，因为他们的视角新颖并且能够提出与时俱进的建议。

如果你认为所有的导师都应该是传统意义上的白胡子老人，那你就错了。如果你是那种不能马上区分 Snapchat 和 Instagram 这两款手机应用的人，可以考虑找一位“后浪导师”（Reverse-mentor）——一个熟练掌握新媒体和新兴平台的年轻人导师，可以帮助你更好地了解这一切。

同侪

就像你会从那些曾经站在你的立场上，能设身处地为你着想的人身上受益一样，你也需要那些和你现在面临同样挑战的人。同侪在任何领导力人际关系网中都是最重要的组成部分之一，根据我们的个人经验，同侪是最能有效帮助你锻炼领导技能的团体。

当人们听说我从来没有请过导师时，他们往往会很惊讶，但那是因为我有能够激励我、鼓舞我的合伙人，一路走来，我有幸从他们身上学到很多东西。虽然导师可以很好地为你出谋划策，但是你从那些经历过和你同样的挑战和现实遭遇的人身上学到的东西是最多的。他们对当下正在发生的事情了如指掌，可以为你指出新兴趋势并提供省时的小技巧。你可以把这看作分享想法、建立领导力人际关系的方式或者某种治疗方法！

不要干等着别人邀请你参加同侪群体的聚会；如果你有需求还没得到满足，那就主动采取行动，自己组织一个活动。你的同侪群体里不应该只有你的同事，所以，你需要主动出击，与公司里你欣赏的同侪们建立人际关系吧。

讲真话的人

对所有领导者来说，最危险的事情之一莫过于被一群只说你想听的话的人包围。这也不仅仅是那些坐在 25 楼会议室里的 CEO 面临的问题，你也有可能会面临这样的问题：那些支持你的同事，他们可能试图提供帮助，却没有直言不讳地建议你如何改进。你需要一个讲真话的人：一个能够非常直截了当、客观公正地就你正在解决的问题给出建设性意见的人。不管这个人是你花钱请来的商业教练，还是你请来担任“诤友”角色的可信赖的客户，来自外部世界的直言不讳都是一股清流，可以纠正你那些错误的假设，令你感到振奋，还可以经常带来令人耳目一新的交流氛围和观点视角。

思想先驱

建立领导力人际关系网不应该仅仅是为了把当下的工作做得更好，它还应该帮助你更好地了解你所在的行业的动态以及未来的发展趋势。去结识你所在的行业里那些了解最新发展趋势、走在最新技术和发展前沿的人，去结识那些正在塑造你所在行业的未来的研究人员、学者和专家。他们也许无法帮助你解决眼下的问题，但是他们可能会给你带来应对未来的竞争优势。你有没有什么特殊的数据或研究可以分享给他们，以证实他们最新的假设或可以对他们近期的行业报告进行补充？如果你能帮助他们并参与到他们的研究工作中，这将为你的个人品牌带来积极而有影响力的光环效应（Halo Effect）。

支持者

不管你处于领导力进阶之旅的哪一个阶段，你都需要一群站在你身边支持你的事业的人。

没有人能凭一己之力就成为成功的领导者，大多数经营大企业的人都有一群信任他们、肯在他们身上投入时间并为他们提供建议的人，这些人的举荐和支持则是他们取得进步的关键。支持者就是那些能够积极推动你的事业进步的人。如果你有幸在自己的组织里拥有支持者，记得要让他们了解你最新的项目和成就——给他们提供一些当你不在时可以赞美你的素材，还要记得看看自己是否可以做些什么来帮助他们实现目标。即使是支持者也会感激你伸出的援助之手的！

网络伙伴

绝大多数人都认为人际关系是在现实生活中建立的，但是也应该考虑关注一下社交网络。你可能已经在用领英和推特这样的社交软件了，但是你真的充分利用它们了吗？你有没有积极主动地与那些自己想了解的人交流？

有没有发表你自己的观点和看法？有没有加入相关话题的领英群组？如今有越来越多的人际关系是在线上建立起来的，数字化的力量就在于，它可以让你接触到你所在领域外和所处地理位置外的人。对于网络中那些可以为你提供有关行业内外进阶机会的全新视角的人，你要抓住机会与他们建立人际关系。

做一做

编制一个社交愿望清单，列明以下几项：

- 一个你愿意接受其指导的人。
- 你想深入了解的三个业内同侪和三个业外同侪。
- 一个潜在的讲真话的人和思想先驱。
- 一个能帮助你进步、支持你成为领导者的人。
- 三个你想要了解且可以通过社交网站联系的人。

如何建立领导力人际关系网

我们已经解释过了领导力人际关系网的重要性，下面是关于如何建立领导力人际关系网的建议。

保证关联性

我只参加那些我觉得能从中学到东西的活动。和别人交谈会有意想不到的收获。当你刚刚听完一场精彩的演讲或者看完一个令人兴奋的示范表演时，会更容易打开话匣子与别人交谈。每当考虑是否要去参加社交活动时，我都会问自己三个问题：

- 我能从这个活动中学到什么？
- 我如何在这个活动中发挥自身价值？
- 如何确保这个活动为我的工作带来好处？

第一个问题决定了我选择参加哪些活动：我只去我有信心能够收获全新经验、想法或观点的活动。在发挥自身价值方面（第二个问题），我会认真为活动发推文进行宣传，在活动中积极发言、主动提问，然后关心在场的其他人：向那些独自出席并且看起来很害羞的人打招呼，介绍人们互相认识，甚至告诉别人卫生间怎么走。如果你不愿意全身心地投入一个活动并发挥出自身价值，那就不要参加。

至于第三个问题，你可以提前了解与会者的情况，确定客户名单并在活动前通过领英与他们联系，这样就会有一个良好的开端。看看你是否可以在演讲过程中做下笔记，并直接将它们分享到工作中——如果你在某个非常酷的地方，就把它们写成一篇博客文章。我的建议是在做这些事的时候不要拖延：尽可能实时地去做，你可以边听边拍照、发推特并在演讲过程中记笔记。我现在也不再使用名片了——掏出来太慢而且容易丢失，取而代之，我会在现场直接打开手机上的电子邮件，输入刚认识的人的电子邮件地址，然后给对方发一个“来自 Unruly 公司的萨拉的问候”电子邮件，然后把所有和 Unruly 相关的人士拉到一起，确保那些真正能把事情做好的人可以马上参与其中！认真挑选你要参加的活动，确保它和你以及你的工作是有关联的，然后全身心投入其中。

积极主动、互利互惠

人际关系既是一个有机的产物，又是一个有生命的东西——如果你不去培育，它就会枯萎和消亡。找理由和你在乎的人保持联系，即使这个理由不那么充分。理由可以是一个简单的见面邀请，也可以是把对他们有用的人介绍给他们，还可以是向对方分享一些你认为他们会感兴趣的有用信息。

同样，你还需要建立互惠型的关系，要尽可能多地考虑你能为他人做什么，就像考虑他们能为你做什么一样。如果只在需要的时候才联系对方，那么对方会感觉这并不是一段双向互动的关系，只是一种有利可图的关系，而他很快就会从这段关系中退出。要积极主动地考虑如何去帮助和支持你的领导力人际关系网上的人，不要让人际关系转移至一个只索取而不付出的状态。一个能帮上忙的办法就是当主人——可以是建议大家去酒吧喝点什么来庆祝工作达到了一个里程碑，也可以是围绕你所在行业的当前热门话题召开一次“创新峰会”。当然，这需要你做得更多，但是，从你自己组织的活动中收获的要比在别人组织的活动中做旁观者收获的多得多。

第9章

建立领导力人际关系网

CHAPTER 10

第 10 章 照顾好你自己

不管你的工作量有多大，作为一个领导者，你都需要保持最好的状态，这意味着要积极投资于你的身心健康，知道什么时候该停下来。

在充满不确定性和不断变化的商业环境中，你需要时刻保持警觉，果断决策且能够长时间工作。作为领导者，你需要承担很大的风险，并且每天都会挑战自己，走出舒适区。

这样一来，你就更要重视你自己以及团队成员的身心健康了。处在高压环境之下，你需要每个团队成员都能保持最佳状态，如果你都累得无法清醒地思考问题，或者由于压力太大无法合理安排工作的优先顺序，那么你对团队来说就毫无用处了。我们最不希望看到的就是你经过深思熟虑制定的进阶战略六个月后就“华丽”地垮掉了，因此，如何同时在努力和压力、奉献和自我透支之间找到良好的平衡是值得思考的。

要想当领导者，你需要精力充沛、思维清晰，最重要的是要能向你周围的每一个人传递出乐观与自信。你需要活力和平衡感，而这是需要不断补充的东西。那么，看看自己的工作日记，着手对自己的日程做一些简单的调整吧，创造机会，让自己在忙碌的 24 小时里睡个好觉，至少吃一顿健康餐，安排足够的运动让你喘不过气来，还能有一些时间用来思考和反思。

萨拉语录：简单的良好习惯可以促进身心健康

对我来说，每天花 30 分钟时间走路上班让我有足够的精力并以明确的目标开始一天的工作。它同时也是我的一种锻炼活动，让我在夜晚可以像婴儿那样睡得很踏实。这不是什么难事，我知道从长远来看，养成良好的习惯有助于身心健康。在枕头上喷上薰衣草睡眠喷雾，关掉手机，拍拍枕头让它更蓬松一点儿，把窗帘放下来，这些睡前小仪式都能够帮助我入睡。我一直在努力每天睡够 8 个小时，但是我通常只能睡 7 个小时，偶尔只有 6 个小时，但我喜欢在周末睡懒觉来弥补！

在照顾好自己的同时，你也需要密切关注员工的健康。你可以为他们提供团队福利，组织运动，在办公休闲区提供饮水和健康食品，这样员工就可以在工作之余在指定休闲区域短暂地放松一下身心。例如，你可以给他们办理健身房会员卡，举办足球联赛，成立午餐慢跑俱乐部，组织电影之夜，开设普拉提课程，或者在地下室安放乒乓球桌……这些都可以。（我们 Unruly 公司酷爱攀岩的软件工程师最近为公司总部打造了一面 AR 抱石墙，充满互动性和游戏趣味。）要留意那些由于工作习惯可能会身体透支的员工，还要尽你所能提倡一种“不以加班为常态，非必要不加班”的企业文化。

以身作则是最有效的方式——我是不会在晚上 9 点以后发邮件的，回复团队成员的邮件除外。对在 Unruly 工作的父母来说，灵活安排工作时间是常态，这是为了能让他们送孩子上学，观看孩子们的圣诞剧表演，参加运动会、家长会、音乐会——对于这些孩子人生中的重要活动，任何父母都不想错过。在追求目标和身心健康之间找到平衡，要明白，如果你找到了适合你的公司，这两者之间并不存在竞争——有的公司会非常关心你的个人利益，而另一些则不那么关心。

好消息是，那种吹嘘自己熬夜、睡眠不足的“受虐型”领导者，现已成为企业里的“古董”。在一个日益复杂、不断变化的时代，这样做毫无益处也不会有效果，我们需要保持头脑清醒，以便在遇到问题时能快速做出反应，在最短的时间内创造性地解决问题。

所以，当你掌控自己的进阶之旅时，要有决心让自己保持身心健康，并积极主动地制订健康管理方案。根据已有的经验来看，在日常生活里尽可能在任何可以的地方锻炼或进行冥想是比较现实可行的方法，这样不仅不会给你的日程安排增加额外的负担，而且你可能会发现争取室友、伴侣、父母、孩子、老板以及同事的支持有助于你忠于计划。

在工作场所中，看似微不足道的小事也能对工作表现和工作效率产生深远影响：比如，你越是能营造出一种令人愉悦的、积极乐观的企业文化，遇到事情时你就越能平静下来，也能活得更久——是的，你没听错！有研究显示，在工作场所中保持心情愉快是长寿的重要因素，所以真的没有理由让你的工作幸福感下降！

智人智语：照顾好自己

西方社会正迎来一场姗姗来迟的觉醒，人们

开始认识到照顾好心灵的重要性。人们对心理健康的偏见逐渐消失，现在很多人都意识到，对我们的健康和幸福来说，心理健康和身体健康一样重要。

没有什么比工作场所对我们更重要了，因为我们大部分醒着的时间都得在这里度过。未来的优秀领导者们都懂得，员工的心理健康至关重要，它不仅能保证整个团队高效专注，还能让团队成员坚韧乐观、富有同情心、感到快乐、身心健康。

冥想是一项非常宝贵而重要的技能，在 21 世纪的职场中，它有助于人们培养进阶所需的各项技能。如今，每年都有数百篇公开发表的研究论文证明冥想与兴趣、专注力、创造力、记忆力、免疫力、同情心、睡眠质量等之间存在正相关性。

许多有前瞻性思维的公司现在都开设了正念冥想课程，同时还推出了其他重要的健康举措，如营养、瑜伽、睡眠以及体育锻炼。

迈克尔·阿克顿·史密斯

（Michael Acton Smith）

Calm.com 联合 CEO 兼联合创始人

智人智语：成功领导者的秘密

80% 的成功源自不缺席

我非常认同伍迪·艾伦的这句话，他是这个时代最伟大的导演之一。如果你不参与其中，你就没有机会发挥影响力，也没有机会取得成功或有所收获。虽然这个道理看似很简单，但是他的这句格言一直伴随我整个职业生涯。

在身体上和精神上都应当把握当下，要努力做出贡献、取得成绩。虽然你不应该只做到 80%（因为剩下的 20% 才真正定义了你自己），但是你会惊讶于有多少人连这 80% 都没有做到——不缺席并参与其中。一旦一只脚迈进了这个门，就要保证找到合适的位置并准备好一套应对策略。

如果你没经历过失败，说明你还不够努力

当你还是一个孩子的时候，学校老师和家里人总是鼓励你去做正确的事情，而做错了事情就是失败。但在这个日新月异的数字化世界里，这种思维会让你过于谨小慎微，无法寻求颠覆。我们需要有更强的风险承受能力，这要求我们能接受失败的事实。

没有人第一次就能把所有事情都做好，也不应如此。经一事，长一智，虽然听起来是老生常谈，但我们从失败中学到的东西会比从成功中还多。

推动变革和创新的过程从来都不是一帆风顺的。虽然总是有障碍要克服，但这会让你更有激情。我与联合利华代工厂的员工交谈过并从中了解到，这个过程具有挑战性，但也是非常值得的。经历的失败次数越多，未来成功的机会就越多。

平凡与非凡的区别就在于非凡比平凡多了点额外的努力

大约十年前，我还在领导洗涤剂及家用护理全球业务时，我组织了一次会议，在这个会议上贝尔·格里尔斯（Bear Grylls）登台做了发言。他是有史以来登顶珠穆朗玛峰的最年轻的英国人，在会议上他讲述了他的攀登经历。那时他还没有通过参加电视节目而一夜成名。他说的话至今仍让我记忆犹新——平凡与非凡的区别就在于非凡比平凡多了点额外的努力。他付出了额外的努力，正是这样，他才与众不同，也因此取得了更大的成就。

在去年的一次印度之旅中，我受到邀请向一群来自印度顶级学府的学生谈谈领导方法。在一个拥有超过 12 亿人口且人口数量仅次于中国的国家，[㊀]我觉得贝尔那句格言听起来如此真实。我看了看教室里的学生，他们有成为未来领导者的

㊀ 本书英文书出版于 2018 年，此数据为当时的统计数据。——译者注

潜力，但在未来，他们与身边同龄人的区别是什么呢？是什么让一名足球运动员从顶级职业球员成长为克里斯蒂亚诺·罗纳尔多（Cristiano Ronaldo）这样的巨星？是什么使一名优秀儿童作家升级为 J.K·罗琳（J.K.Rowling）这样屈指可数的作家？又是什么帮助经验丰富的政客最终赢得总统竞选？是什么把平凡变成非凡？答案就是额外的努力。

开心起来！爱笑的人运气不会太差

这是我自己的一句格言。有些人一走进房间里就消耗别人，所有的可能性和机会也就随之而去了；一些人则能带来活力和尝试的信心；有些人可以让别人更持久地维持最佳状态；有些人可以带来鼓舞、信念、活力，当然还有乐趣！我很清楚自己更想和哪种类型的人交往，你们呢？

基思·威德（Keith Weed）

联合利华首席营销官与传播官

第三步　速度 小结

本章要点

- 投资于你自己：培养必备技能，树立信心，建立领导力人际关系网，保证身心健康。不要指望这些会通过魔法实现。积极主动一点，在这几个方面花些时间努力，势头很快就会建立起来。
- 作为进阶中的领导者，仅仅依靠智商和情商是远远不够的。你还需要有数字化知识和能力（数商）、企业家思维（企商），同时要能包容多元化（融商）。
- 要想进阶，你需要专注于任务的完成，事事都要以目标为核心；你还需要以人为本，做一个乐观的领导者，永远不要被动等待别人要求你承担责任。
- 积极主动地采取行动，建立起作为领导者的信心，不要把信心看作一个易碎的花瓶，而要把它看作一块可以去训练的肌肉。不要设定过高的期望来挑战自己，不要停留在错误中，要从错误中学习。定期向同事们征求反馈意见，在内心里支持自己。

- 努力建立领导力人际关系网，让那些导师、支持者、讲真话的人加入其中。认真挑选你要参加哪些活动，问问自己能发挥什么作用。在经营每一段关系的时候，都要先问问自己能为对方做点什么。
- 重中之重，记得要照顾好自己，懂得适时停下来稍做休息。在日常工作生活中，给自己创造点思考的时间，以便集中精力为未来的挑战补充能量。

练习任务

参照进阶原则对自己进行领导力评估。你有哪些优势，在哪些方面需要改进？在哪些方面你觉得放松自在，在哪些方面你需要树立信心？

读一读、听一听

书籍

- 《向前一步：女性、工作及领导意志》（*Lean In: Women, Work and the Will to Lead*），谢丽尔·桑德伯格
- 《成功的第三种维度：创造拥有智慧、健康、好奇心的人生》（*Thrive: The Third Metric to Redefining Success and Creating a Happier Life*），阿里安娜·赫芬顿（Arianna Huffington）
- 《和这本书一样安静》（*Calm: Calm the Mind, Change the World*），迈克尔·阿克顿·史密斯

音乐

- *Feeling Good*，妮娜·西蒙（Nina Simone）
- *Happy*，法瑞尔·威廉姆斯（Pharrell Williams）
- *I Got The Power*，Snap

接下来

- 为什么优秀团队必须是你的领导力首要目标。
- 如何亲自招聘到最优秀的人才。
- 鼓励团队、人才培养、权力下放的策略。
- 为什么领导者必须勇敢、善良，最重要的是要有同理心。
- 团队和企业文化的重要性。

STEPPING UP

How to Accelerate
Your Leadership Potential

第四步

支持：投资于你的团队

你不是一个人。在你即将踏上进阶之旅时，这是你需要承认的最重要且令人感到轻松的事情之一。如果你不是一个人独自创业，那么你就要和他人共事，而这些人就是你进阶之旅上的秘密武器。

在这个快节奏的数字化世界里，那个属于独行侠式的领导者和有远见、可以预测未来并创造商业奇迹的 CEO 的时代已经过去了。如今发生的变化太多了：有太多新发展、新科技以及试图独领风骚的竞争者。人们同客户、供应商以及外部世界互相依赖，关系比以往任何时候都更加紧密。

如果你想要进阶成为领导者，就需要接受这个现实。前面我们已经谈论了很多关于该如何去培养自己的领导思维、掌握领导技能的方法。我们讨论了：如何通过树立领导目标来引导你明确自己想要收获什么并发挥何种作用；如何选择或者打造一个属于你自己的“CLAN”——一个能给你带来挑战同时又能给予你鼓励的团队；如何开发多种形式的领导智能，遵循哪些进阶原则，如何培养领导能力、树立信心以及保证身心健康。哦，你有很多事情要做！用美国作家苏斯博士的话来说：“有行动力是一件好事！”(It’s a good job you’re so footsy.)

不过好消息是：此事不只关乎你个人。正如人们经常引用的那句非洲谚语所言：“独行快，众行远。”(If you want to go fast, go alone; if you want to go far, go together.)

为什么这样说呢？因为对你的领导力之旅以及领导力传承来说，团队是最重要的，比你发表的任何一次演讲、获得的任何赞美，甚至新招揽来的任何业务都更重要。(因为如果没有一个优秀的团队，那么由谁去创造业绩，获得客户的青睐，帮助你在下一次收获更多呢？)

对一个领导者来说，投资自己的团队是你首先要进行的，最重要也是最佳的投资。同任何一个成功的企业家交谈之后，你就会发现他们几乎都会把成功归功于自己的团队。因为，虽然你作为创始人可能会灵光一现，但是要单靠一己之力走远会受到很多严格限制。没有一个可以将想法付诸实践、挑战你的想法、发现冰山一角下的潜在问题的优秀团队，你会发现自己的伟大想法很快就会搁浅。对在别人的公司里工作并想要获得领导岗位的人来说，同样如此。你可能是那个向董事会或者投资方汇报工作成果的人，但真正重要的是你身后的整个团队，是团队工作让你达到这个位置的。作为一名领导者，不管身处何种环境，你总要依赖你的团队，而且理应如此。

我们生活在一个充满竞争、高度网络化的世界，在你所从事的业务领域里不太可能只有你们一家企业。在这种情况下，就需要团队为你带来竞争优势。从长期发展来看，能够取胜的企业都拥有一个组织有序、动力十足、目标明确、团结协作的团队。一个被赋予自主权，能够真正承担责任，获得信任和依赖的团队，是可以取得成就的，并且能帮助你避免犯错或者决策失误。在这个竞争不断的人才市场里，你需要像一个参选的政客一样去发挥领导作用：持续不断地争取选民的投票和认可。

正因为要想当一名成功的领导者，其他人的作用非常重要，所以如何赢得团队支持需要单独用一章来介绍，这也是有志成为领导者的人必须要做出的最重要改变。我们有关于如何打造和培养优秀团队的建议；有关于如何培养领导技能，让团队在你的带领下竭尽全力的建议；还有关于如何打造企业文化，让你的团队获得认同感的具体建议。

这一切都要从每天与你共事的那些人开始，从你依靠的那些把你的远大想法付诸实践，事事鼓励你并挑战你的领导地位的人开始。怎样才能找到、挑选合适的人？怎样才能最有效地发挥他们的才能？怎样才能把一群不同个体组成的团体变成一个整体大于各部分之和的团队？

CHAPTER 11

第 11 章 找到优秀的人才

为了雇用优秀的人才，你要确保自己在整个招聘过程中亲力亲为，打造梦之队，同他们一起工作并检验团队精神。

一切都要从找到合适的人选开始，如果你已经升级了自己的人脉圈子，在有新的职位空缺时有一群人可供你召集的话，那么你就会处于有利地位。如果你真的想抢占先机的话，我们建议你列一张名单，把你想要共事的人都列下来。名单上可以有你认识的人或者共事过的人——可以是你的客户、供应商或者前同事，他们或是凭借才华，或是凭借高度的工作积极性，或是凭借工作成果以及团结协作的工作风格给你留下了深刻的印象。把那些你想要组成专业梦之队的人列入一张名单，当机会来临时，就和他们取得联系。即使你不是用人部门经理，当一个引荐优秀应试者的伯乐也是一个为公司做出贡献、提升你的个人形象的好方法。

如果你是用人部门经理，那么招聘程序一旦启动，你就要尽可能多地参与到整个招聘过程中，不能把一切都丢给人力资源部。组建团队是非常重要的事情，你不能袖手旁观；作为领导，你需要为你想要的团队成员类型定调子，这就需要你亲力亲为，决定哪些人达到了你的用人标准，而哪些人没达到。

无论你管理的团队规模是大是小，你都需要成为招聘程序的关键一环。你需要清楚招人的评估标准。在Unruly，尽管我们是一个拥有300多名员工的国际团队，但是对于每一场招聘，我们三个创始人里都会有一个人参与其中。为什么要这样做呢？因为即使是一个颇具规模的团队，每一个加入其中的人都会带来不同的或积极或消极的影响。作为一名领导，你可以使招到前者（带来积极影响的人）成为可能，并有力地避免招到后者（带来消极影响的人）。

只要有机会，就对应试者进行压力测试——给他们布置一个实际任务，然后观察他们处于压力之下的表现。扔给他们一个难题、一个白板和一支马克笔，看他们怎么解决问题，这样你就可以了解他们的实际操作能力了。同时，让他们和你团队里的其他成员一起工作，看看他们在团队工作中的表现如何。如果你想打造一个真正意义上的团队，一个人们相互之间可以不遗余力彼此帮助、支持、提升的团队，那么就要避免选择“独唱艺术家”（Solo Artists）或者“歌剧女主角”（Prima Donnas）这样的团队成员。尽管雇用一个明星前锋式的员工并让他们发挥自身优势是一件让人心动的事情，但你还是要考虑他们的合作能力——鉴于商务事宜的复杂性，要理解和解决最紧迫的问题，合作通常是唯一的办法。即使有聪明才智，也需要能够与他人合作。

至于选择什么样的人，要因公司和职位而异，但是如果非常清楚地了解自己的公司、部门、团队想要什么样的工作指导原则和企业文化行为将再好不过了。在 Unruly，我们寻找的人要符合“熊猫”（PANDAS）标准。（很想知道这是什么意思，对吧？）“熊猫”标准包含以下特质：

- **积极热情**（Positive and Passionate）：当处境艰难时，Unruly 的员工们会努力向前。我们凑到桌前不是为了给他人出难题或者抱怨，而是为了提出建议和解决方案。

- **灵活敏捷**（Agile）：善于沟通、朴素天真、及时反馈、充满勇气、尊重他人。这些来自极限编程（Extreme Programming）方法论的原则指导着我们工作的方方面面，从产品设计到出版商关系管理，从网站设计到企业战略制定。

- **丢掉自负**（No Ego and Nurturing）：团队一词和"熊猫"标准中没有"我"这个字。（Team 和 Panda 中没有 I 这个字母。）这是有原因的。

- **下定决心做出成绩**（Determined to Deliver）：我们相信凡事皆有可能，为此我们会全力以赴。我们认同托马斯·爱迪生（Thomas Edison）的名言："天才就是 1% 的灵感加上 99% 的汗水。"撸起袖子加油干吧！

- **行动力强的 A+ 玩家**（Action-oriented A+ Players）：

我们只向客户交付最优的方案；我们从不降低对自己的期望。我们信守承诺，用业绩来衡量自己和他人。

- **有社交天分和幽默感**（Social DNA and Sense of Humor）：我们善于搜集竞争对手的信息，互换产品创意，分享行业动态，关爱客户、出版商和自己的同事。同时，一直以来我们都会找时间讲冷笑话或者分享搞笑视频。

在招聘过程中，我们积极面试应聘者并发掘符合“熊猫”标准的人，除了通过结构化面试考察其是否具备条件加入我们团队，也要判断如果对方得到了这个职位会不会真的喜欢这份工作。不是每个人都想加入到那种人人都极具工作热情、让同事们对结果负责的业务团队中。只有在你确定对方喜欢你公司里这个职位且能有很大机会取得成功时，你才应该聘用对方。对一些人来说，从大企业换到流动性更强的、具有创业文化的企业中尤其困难，反之亦然。如果你还有疑惑，就要谨慎做出决定。匆忙聘用，后悔莫及。如果你真的想发挥自己的作用，就要重视每一次招聘。

智人智语：寻找优秀人才、丢掉自负

招聘时考察优点不是缺点

每个人都有缺点，因此很容易找到不聘用他的理由，不过还是多关注对方的优点吧。要真正胜任应聘岗位，应该具备的两三项能力是什么？候选人具备这些能力吗？如果答案是肯定的，就聘用对方，不需要考虑他的缺点；如果答案是否定的，就算了，不管他是否还有其他优点。（但是有时候聘用一些很优秀的人，之后再为他们专门设置岗位也是很好的选择！）

聘用时要谨慎，解雇时要果断

聘用到糟糕的员工通常会是你犯过的代价最大的错误，而聘用到最优秀的员工则可能是你最大的贡献，所以要慢慢来。“聘用时要谨慎”说起来容易做起来难，因此要在整个招聘程序中贯彻实施。在 Unruly，我们的第二轮面试持续三到五个小时：它会让应聘者不由自主地开口说真话。相反，如果某个人没有努力工作，那就快点采取行动。开除这样的人宜早不宜迟，宜快不宜慢。

丢掉自负

老子在《道德经》中把领导者（统治者）按不同情况分为四种，讲得十分透彻："太上，下知有之；其次，亲而誉之；其次，畏之；其次，侮之。信不足焉，有不信焉。悠兮，其贵言。功成事遂，百姓皆谓我自然。"

斯库特·巴顿

Unruly 联合创始人兼首席战略官

CHAPTER 12

第 12 章 激励你的团队

领导者最重要的工作之一就是激励自己的团队成员：你需要不断地与你的员工保持沟通，给予他们信任和支持，投资于他们并赋予他们一定的自主权去取得成就。

作为一个领导者，你最重要的工作之一就是要激发、鼓励并支持你的团队。没有一成不变的队伍：总会有新成员加入，人们的职位和个人处境也会经常发生变化。

你的工作就是以某种方式将这群有趣的、不断变化的人团结起来，在鼓励每个人并帮助其发展事业的同时，培养出一种集体文化和团队精神。

这是一种巧妙的平衡：你有你要扮演的角色，尽管很多重要决策需要你来做，但是在大型团队中，发生的大多数事情你既看不到也听不到。美国上将斯坦利·麦克里斯特尔（Stanley McChrystal）生动地将领导者比作园丁：你可以种下种子，可以给土壤施肥，可以在植物生长时为它们浇水，但你能掌控的也就只有这些了。个人和团队的成长也是有机的且充满了不确定性，那么你就有责任为自己团队的发展创造有利条件。下面有一些建议能够帮你开始采取行动。

与团队进行沟通

优秀领导力中最重要也最容易被忽视的因素之一就是沟通。你可能在忙着做出决策，想让事情按部就班地正常进行，但是你让那些需要知道情况和想要知道情况的人了解发生了什么以及为什么这样吗？我们发现几乎不存在充分沟通的可能性，不管你怎么沟通交流，总会有人感觉自己不清楚发生了什么。人们不喜欢惊喜，不喜欢做最后一个了解情况的人，不喜欢对事情全然不知的感觉。作为一名领导者，多沟通总是有好处的。

小建议

在团队会议中，你可以专门为团队成员提供一个平台，让他们贡献出自己的点子和想法。同时，永远都要给他们通过电子邮件提出或者回答问题的机会——并不是所有人都喜欢在一群人面前提问题。

信任你的团队

如果你无法授权别人，你就走进死胡同了。一个不愿将责任下放给团队的领导者会阻碍整个体系的发展，还会让人们疑惑自己为什么得不到信任。并不是每个人都是天生就能做到这一点，可是如果你不向团队成员表示出你对他们的信任，那么你就会打击他们的自信心，限制他们的发展潜力。

小建议

制定一个规则：如果你不能确信自己可以给

会议带来独特价值的话，就不要参加会议。如果没有什么特殊原因必须要参加会议的话，那就不要参加；把责任交给其他人，让他们借机成长，这样你也能腾出时间来处理其他工作。

投资于你的团队

在通常情况下，你会对你的团队要求很高，你希望他们做好加倍努力的准备。给予他们经济奖励当然重要，但这不过是保健因素：只满足了他们的最低需求。更有意义的奖励则是：将责任交给他们，认可他们，给他们学习和提升的机会。想想有哪些个人发展机会最能使你的团队受益，然后尽你所能为他们投资，可以是提供培训课程、进行工作交接或者安排借调。除了提供正式培训以外，还可以鼓励你的团队成员积极参加会议、业内活动并发言，这样他们便有机会在业内进一步树立起自己的个人形象。把帮助团队成员发展和成长当作一项任务：你的团队将会取得更好的业绩成果，成员们也将从工作生活中收获更多，这有助于建立一种认同感和忠诚度的良性循环。

支持你的团队

记得要寻找或者制造机会来庆祝团队取得的工作成就，支持优秀人才并奖励高绩效。这不仅能为个人带来满足感和成就感，还能促进形成一种追求最高绩效水平的企业文化。作为一名领导者，你应该抓住每一个让人们关注到优秀工作的机会，让你的团队为他们共同取得的成就感到满意。

> **小建议**
>
> 你不需要装腔作势去让人们感觉良好，持续不断地给予团队成员公开认可可能更有效果并能产生深远影响。寻找一些虽小但有意义的方法来表达对团队成员所做出的贡献和取得的成就的认可吧。

给予团队自主权

给予团队成员自主权，让他们能尽心尽力做到最好——因为自主权是你能给予团队成员最珍贵的礼物之一，它可以创造归属感和责任感，而团队越有归属感，就越能带来更好的工作成果。要一直寻找机会帮助你的团队成员在事业上取得进步。除了按照程序晋升之外，还要给予他们责任，让他们承担起更多的领导角色。你还要给想要快速发展的人创建一条可以快速晋升的通道。如果你的团队中有更多的拥有更多经验、能够更快地升到领导岗位的成员，是一件双赢的事情。他们会对自己取得的成就感到满意，你则会因为是一个为公司培养人才和下一代领导者的天才“园丁”而收获声誉。

本质上来说，你的团队就是你最大的财富，你作为领导者最重大的责任之一就是在他们的职业旅途中支持他们、培养他们。许多领导者认为最令他们感到自豪的就是他们所打造的团队和培养出的员工能够跨界成功。投资于优秀人才不仅对你的事业的短期前景有利，这也是一种长期押注，押注于他们在转向其他工作后很长一段时间内可能取得的成就。那些你给予过帮助的人，在凭借自己的能力成了杰出的领导者或者成功创建了自己的公司后，通常会成为你的人际关系网中最强大、最忠诚的拥护者。

智人智语：团队将帮助你扩大规模

作为一个个体，你可以创造一些惊人的东西。但如果你想完成许许多多令人惊叹的事情，你就需要一个团队。不要被名人的领导特质蒙蔽了双眼。像马克·扎克伯格（Mark Zuckerberg）这样年纪轻轻就如此迅速地取得成功的人是个例外，况且他也不是凭借一己之力做到的：他身边有一个强大的团队，且团队为公司提供了强有力的领导。

张锡璁

竞立媒体全球首席数字官

CHAPTER 13

第 13 章 要勇敢和善良

要想组建一个优秀的团队，你必须既有犯错的勇气又有激励团队的善意。

在浏览器里搜索“领导者的特质”，我们能够很快就一目了然关于优秀领导力的构成要素有多少种不同的观点。早期的搜索结果会包含《7 个重要特质》《10 个令人印象深刻的品质》甚至《优秀领导者的 22 个特质》等文章。

这并没有什么问题，优秀的领导者确实各有各的技能、品质和天资。然而，眼下特别是当涉及组建和培养团队时，我们想将当今世界优秀领导者的特质概括归纳为以下两点。这是两个同等但相反的特质，优秀的团队领导者会用它们来鼓舞、激励和挑战他们的团队，并一次又一次地赢得成员的支持。

勇气

第一个特质是勇气。这似乎是与领导力相关的明显的特质。毕竟，进阶到领导者，从只对自己的行为和结果负责转变到还要对其他人的行为和结果负责，这需要个人付出很大的勇气。

然而，我们想指出的是，所谓勇气，不再是那种硬汉式的领导观念：狩猎者，丛林中最壮、最勇敢的首领。我们会鼓励你不仅从传统意义上思考勇气，还要从一些更新颖、更柔性的角度来思考。

勇敢的领导者有能力做出艰难的决定并坚定执行，面对庞大或好斗的听众能勇敢地捍卫自己的决定，并最终成为那个真正承担责任的人。

在组建团队的过程中，你也需要展现出其他几种类型的勇气：①做你自己的勇气，即接受自己的所有缺点，承认自己并非总是无所不知的；②直面错误的勇气，即能够谦虚地询问团队自己什么地方本可以做得更好；③信任他人的勇气，即能够做到诸多领导者最难做到的一件事情——授权。

以下是我们认为当今的领导者需要向自己的团队展示和做出示范的几种类型的勇气。

做你自己的勇气

作为一名领导者，你每个星期和核心团队在一起的时间很可能比和家人在一起的时间还要多。这意味着除了做你自己，你无法尝试成为别人。所以你最不想做的事就是戴上面具，假装成为别人。正如史蒂夫·乔布斯所言：“你的时间有限，所以不要浪费时间去过别人的生活。”

“做别人”不仅会令人精疲力竭，也会适得其反。人们可以看穿虚伪，如果他们觉得你虚伪，这就会削弱你与周围人建立起来的信任。人们只会对真实的人做出反应，他们想要了解你——你在意什么，你的动机是什么，你为谁效劳。因此，你别无选择，只能做你自己，也不应该有做别人的想法。

本书想要帮助你成为最好的你自己，但不要被那种优秀的领导者应该看上去怎样或者应该怎样表现的想法所困扰。本书给出的建议需要你根据自己的个人风格和面对的具体情况来理解和适应，你只需要接受那些对你有用的，抛弃那些无用的，勇敢地做你自己。

智人智语：做你自己

领导力是关于做你自己，关于了解你是谁并以此来定义你自己的领导风格的。它应该是真实的、自然的，不是你在工作时穿的一件服装。它不是要你将自己封闭起来。领导力要求你接受所有最好的部分，同时也能认识到有问题的部分，然后在此基础上塑造并描绘你是谁。和我在一起时，你看见的就是真实的我。我不怕说出我内心的想法，也不怕承认我不知道答案。追随者想看到真实的你——你的激情、你的好奇心、你真实的自我。

海伦·麦克雷

传立媒体首席执行官

信任他人的勇气

许多领导者，特别是企业家，会说他们最大的问题就是不愿意将权力授予别人。我可以理解这种心情：作为一个领导者，你需要对结果和业绩负责，你的本能反应就是尽可能多地自己做事，这样你就可以最大限度地控制结果。只可惜控制是一种错觉，因为你所做的一切只是创造了一个瓶颈，剥夺了你的团队成员的领导机会，并在你本已沉重的担子上增加了不必要的负担。换句话说，控制创造了一种依赖文化，且抑制了其他人的主动性。经常在杂草中生长的人们就失去了开花的机会。

做过信任背摔练习吗？我们打赌，在前几次练习中，你没有任自己自由下落去让你后面的人接住你，而是停了下来。大多数领导者开始相信团队的时候基本也是这个情况。你要知道，情况基本上是有人在等着接住你，但你还没有准备好接受这种检验。作为领导者，跨越信任障碍是最重要的事情之一。在你准备好切切实实地信任你的团队之前——不仅仅是让他们在密切监督下做事，还要让他们做出自己的选择、对自己的工作以及自身进步负责，你永远都无法让自己或他人展现出最好的一面。相反，当你信任别人并让他们对自己的能力有信心时，结果会令人惊喜。

提出问题的勇气

对一些领导者来说，他们最不希望的就是在团队面前丢脸。但如果你想要激发自己的潜力并不断在职业生涯中进阶，你就要完全愿意让自己看起来很傻。你要提出那些别人不会提的问题，尤其是那些看上去很愚蠢或者很显而易见的问题。如果你不问，可能就没有人问了。群体思维的一大谬论就是“一定有人想到了这一点”。人们之所以通常保持安静，就是因为他们不想冒着被嘲笑的风险去问这个显而易见的问题。但是这样，我们可能就错过了重要的事情，糟糕的决定得到批准，错误得以产生。你有责任确保每个人都知道他可以随时提出问题。

作为领导者，你可以定规矩说没有什么是不能摆到台面上来谈的，没有什么想法太奇怪或是太美妙以至于不值得考虑，没有什么问题太显而易见或太愚蠢而不值得讨论。这听上去是一件小事，但做起来却需要勇气。以这种方式说话很大程度上违背了我们的社会习惯，因此作为领导者，你必须展现出敢于挑战的勇气，并鼓励他人也这样去做。你们将因此进行更健康的讨论，从而做出更有利的集体决定。

做出改变的勇气

并非你做的每一个决定都是正确的，这也不意味着你做决定的理由是错误的。随着颠覆性技术进入每个领域，你周围的环境和信息可能会迅速发生变化，这意味着你必须在前进的过程中适应变化并修正方向。你的团队可能会认为这是一次失误，但承认错误并尽早掉头总比继续走在一条死胡同要好得多。犯错并承认错误不见得是糟糕的事情，这可能是一个表现出你的诚实和你对团队的信任的绝佳机会，可以让他们帮助你想出替代性的解决方案。

智人智语：无所畏惧

在进阶之旅中，我们不能期待安逸，也不能自满。我们必须足够勇敢和无畏来推动这个世界

> 所需要的变革，并尽可能多地相互支持——以同伴、导师和朋友的名义。对于女性，尤其是那些事业上刚刚起步的女性，如果能展现出完整的自我并对自己所提供的一切都充满信心，那么她们就会有这样一个不可思议的机会，可以把一种新的思维方式和合作方式带到工作场所。
>
> 哈丽雅特·格林（Harriet Green）
>
> IBM Watson 物联网平台顾客参与与培训总经理

接受失败的勇气

并不是一切都会按计划进行，因此在你的职业生涯早期就认识到犯错有时是通向正确道路的必要步骤未尝不是好事。作为领导者，你处于一个容易暴露的位置，因为人们会观察你的行动以及产生的结果；事实上，结果就是你的评判标准。但是，如果你沉迷于完美记录的错觉，从长远来看，你将错过体验、尝试新鲜事物以及做得更好的机会。

以上都意味着你愿意接受失败并让别人看到你的失

败。这似乎与直觉相悖，但如果你没有做错任何事，或者从未被障碍绊倒，那么你就太过谨慎了。不要将自己局限在那些已知事物和舒适区中。要有勇气面对失败，确保在失败时你能从中吸取教训；你还要培养出一种支持人们走出舒适区并从错误中吸取教训的团队精神。

善良

成为领导者是一件勇敢的事情，它通常也会让你成为一个更勇敢的人。除了勇气这一显而易见的领导特质，我们认为你还需要另一个一直都不是商业词典中的重要部分的特质——善良。

许多人认为商业是一个残酷的达尔文主义世界，在那里，胜者为王，其他所有的人和事都会被忘记。当目标是利润率和股东价值时，这样想是有一定逻辑的。先开枪，尽你所能守住利润，然后再提出问题。

然而，就像越来越多的人一样，我们认为企业有潜力带来更多远远超过利润的东西。你当然想要获得利润，但是推动企业前进的应该是利润背后的目标。当然，股东是重要的，但还有许多其他利益相关者对企业的长期成功也至关重要。此外，我们还认为，商业是推动全球创新的强大力量之一，这种创新可以改变人们的生活，为人们带来机遇并支撑社会进步。

那些才华横溢、有使命感的商业领导者在解决贫困、致命疾病、社会不公和性别不平等问题的全球性努力中处于核心地位。这并不是说商业是完美的——许多企业丑闻都可以证明这一点——但我们正在进入一个企业的集体焦点已经更多地集中在企业能够而且应该产生的积极影响上的时代。公益企业（B-Corp，一个革命性的概念，为造福人类、社区和地球的企业颁发的认证）以及 2012 年理查德·布兰森（Richard Branson）为倡导更好的营商方式而发起的慈善计划“The B Team”，既是变革的标志，也是企业在追求资本利润的同时还拥有良心的标志。

在一个目的性更强、社会意识更显著，以及对商业给人类和地球造成的影响认识更明确的商业世界里，领导力也必须做出改变。你的领导风格需要反映出你的团队成员的态度和理想。这就意味着命令和控制已经过时了，而同理心和善良是必不可少的。

有人会对此摇头表示不同意见，会认为这是胡说八道。他们有权持有自己的观点，但善良对现代领导者的重要性是以一些重要的新现实为依据的。下面是两个很好的理由来解释为什么当今时代你在进阶和领导的过程中需要保持善良。

我们处于一个关系时代，而同理心会带来更好的商业结果

重要的是要认识到，在这个技术高度商品化的时代，当总有一个更便宜的平台供你的客户选择时，你的企业的优势就在于其关系的总和及牢靠度。从员工、客户、供应商、投资商到观察家，一家企业的运行依赖于人际交往的质量以及你与所有利益相关者建立和维持的良好信誉。

这一切都要从你的团队做起。他们是你公司的主要代表和发言人。他们会告诉其朋友、社会关系网上的人以及熟人你们公司有着什么样的工作环境。他们会互相交换意见并评估其他地方的同等机会。如果你的员工不喜欢你创造的环境，他们可以有很多选择和去处。他们和你一样既

聪明又富有行动力，所以要和他们建立良好关系，了解什么可以激励他们，并努力充分重视他们的观点。

人们不再尊重等级和制服

成为一个有同理心的领导者并不是要成为一个好老板或被人喜欢的老板，而是与你的团队建立牢固关系的基础。你不能再指望仅仅因为自己是老板就能让别人服从。你必须去赢得员工的尊敬，这意味着你既要发表看法、给出指示，又要尽可能倾听他们、向他们学习。倾听是其中的关键。花些时间去倾听他们的烦恼，倾听他们疯狂的想法，倾听他们的批评和担忧，以及他们对你的领导风格的看法。只有通过倾听的方式，你才能知道作为一名领导者，你的团队需要你做什么来帮助他们交付出色的成果。

这并非要你次次都赞同别人的看法和意见。你要做的重要事情就是接受反馈，然后一旦你做出了决定，要能解释清楚你为什么选择采取这样的行动。人们也许不认同你的想法，但他们通常会尊重那些愿意花时间倾听、解释并将决策执行到底的领导者。与之相反，“照我说的做”这种说教式的做法只会导致团队对你的不满和疏远。如果你不想让最优秀的人才流失到他们可选择的另一家公司去，那么你就承担不起这样做的风险。

不要把同理心看作对他人的妥协，要认识到它的本质：它是领导力工具箱的重要一部分，可以帮助你和你的团队建立更好的关系，授权你的员工，从而取得更好的成果。

误解会随着时间的推移演变成真正的问题，而同理心就像一台机器里的润滑油，有助于避免产生误解。做一个更加善良、更富同理心的领导者，你将帮助自己成为一个更好的人：与你的员工、你的客户以及你的业务在各个层面的运作有更多联系的人。不要把善良看作一种可有可无的附加价值，而要把它看作个人成长和领导力培养的关键。

CHAPTER 14

第 14 章 致力于增强同理心

进阶成为领导者的一个重要部分就是要更多地注意别人给你的回应、你的言语以及肢体语言所传递出的信号。现在是时候花时间培养你的同理心并显著提高你的自我意识了。

做一个有同理心的领导者：几个场景

在讨论如何培养同理心的若干建议之前，让我们来做一些场景测试。我们会列出你作为领导者会遇到的一些场景，问你你会做出什么样的反应，然后提出一些建议，并说明共情（富有同理心的）反应与明显的本能反应有何不同。

场景 1：你的直接下属的绩效面谈时间已经调整过两次了，现在由于客户委托了重要的任务，需要你做第三次调整，你该如何处理？

本能反应：客户委托的任务至上，而我很忙，所以我会迅速地发一封电子邮件告诉下属，并给出一些可选择的时间。这是一项我们随时都可以进行的内部谈话，而下属通常在办公室，所以调整时间不会对他们造成太大影响。客户永远是第一位的，下属会理解的。

共情反应：改变一次一对一面谈的安排是可以理解的，改变两次会令人不悦，但改变三次就会有麻烦了。客户利益固然优先，但是，如果下属被重新安排了这么多次，那么他自然就会觉得自己处于最底层，我不能那样去做。我不会发邮件，我一定会为重新安排面谈时间亲自向下属道歉，并强调我会尽快把这件事情提上日程。当我们见面时，我会带他们到办公室外面喝杯咖啡，这样面谈就更显随意，也不显得是在例行公事了。我一定会为不得不多次调整面谈时间向下属再次道歉的。

场景 2：由于两名关键成员在风格上有明显的冲突，导致一个重要的项目团队遇到了困难。矛盾变得越来越激烈，而且团队里有明显的不满情绪。你要怎么处理？

本能反应：这些人都是收入丰厚的成年人了，他们需要自己解决问题、学会彼此容忍。化解这种冲突不是我的职责，我也没有时间去跟他们讨论所有的细节。我最多会召集相关各方开会，让他们团结一致，并强调我希望他们表现得专业些，然后继续工作。至此，谈话结束。

共情反应：他们都是好人，也是重要的团队成员。这种争执会不可避免地影响他们的工作，甚至不仅影响到手头的项目。我需要采取点措施来缓和一下紧张的局势，帮助事情恢复平稳。我会先分别观察这两个人，亲自听取他们的不满，然后考虑我是否可以找到一种可行的方法来解决，或者需要为了他们以及其他人考虑而把他们分开。如果决定是继续进行下去，我们会就新的基本规则达成一致，我来检查他们的进展。如果决定是需要做出调整，我会给大家留出一些时间，再另外找个理由让这两个人碰头，看看他们的关系能否从备受关注的项目带来的紧张中恢复过来。

场景 3：你正在主持一场例行的内部会议，其间几个团队成员主导了这场会议的谈话，而其他成员（资历可能比前者更深）却很少发言。你能注意到这一点吗？

本能反应：这种情况是家常便饭，有些人在开会时就是更愿意表达，而且他们通常都有好主意，所以无须剪掉它们的翅膀。我会让这种情况进行下去，不做任何评论。

共情反应：我会观察几个星期来确定这是不是已经成了一种模式，而不是例外或者偶然事件。如果我发现有人之所以在会议上不发言，是因为他们插入到别人的谈话中会不自在，那么我会把他们拉到一边，私下询问他们的看法，并说我会支持他们发挥更积极的作用。在以后的会议上，鉴于他们已有的知识，我会特别重视让他们参与到谈论中。

总结： 你对以上的场景感到熟悉吗？你会自然而然地采取共情反应吗？想想在你自己的工作生活中，你还可以做哪些不同的事情来帮助公司里的人解决问题。在了解业务领域和熟悉团队成员上，找找看你还可以多做些什么，你就可以更好地理解如何有效地支持业务开展和个人工作了。

以上三个场景源自 Unruly 与 360 培训公司的合作经历

培养同理心

某种程度上，同理心是人类的一项技能，是我们社会的内在组成部分。这项重要的领导能力是可以学习、培养和锻炼的。同理心在一定程度上是你如何对待周围人的一种思维方式，但是成为一名有同理心的领导者需要你掌握一些技巧，这些技巧可以帮助你理解你向别人发出的信号，以及他们是如何回应的。在继续新的内容之前，我们想为你提供一些有助于增强同理心的实用技巧。

首先需要明白的是，你的行为过程就像往水池里扔石头。它有涟漪效应，你可能会立即在你周围的人身上看到。作为一名领导者，是你为你的团队定规矩的。这之后，所有的团队成员都会仔细观察你，哪怕是那些最微小的信号，比如你可能对他们的工作不满意、担心一些业务问题，或者因为其他原因而心不在焉，也都会被他们捕捉到。这不仅包括那些你主持的会议或者发的电子邮件，还包括你在办公室里的行为举止、肢体语言以及温和的信号，所以要注意你在工作场所的情绪和行为，因为它们会像野火一样蔓延，你不会想让你的坏情绪像病毒一样传播的！

下面是成为更有同理心的领导者所要思考的一些事情和应对策略。

感知自己的反应

在你参与的每一场会话和交流中，不管有多么简洁明了，都有大量的信息被传输和解读。不管你是否意识到，你都在释放各种各样的信号。你需要敏锐地感知你对事物的反应会如何影响你周围的人。一些简单的反应，如翻白眼或扬起眉毛，可能会被解读出深层次和潜意识的含义。试着通过以下三个方面来审视一下你自己。

- 语言反应。你的语言和用词是否适合这种情况？
- 非语言反应。你给人的印象如何？是瘫坐在椅子上还是坐起来身体前倾？是和别人进行眼神交流还是看向别处？想象一下现在角色颠倒了——你希望对方如何表现？
- 语调反应。使用的语调不同，同样的单词可以表达截然不同的意思。你是不是感受到什么，就直说什么（经常表现为匆匆忙忙、如牛负重、脾气暴躁），还是说你在有意识地控制自己的语调以回答同事的询问或问候？

感知他人的反应

除了检查自己的反应是否恰当，你还需要密切关注与你互动的人的反应。在这里，你需要非常注意语言表达和非语言反应之间的差距。人们可能会说一些你想听的话，而且他们知道这些话是人想听到的，但你不应该仅凭他们的语言表达来做出判断——让我们面对现实吧，噘嘴或翻白眼的非语言反应胜过千言万语。

仔细观察人们的肢体语言。他们看起来是否像他们自己所说的那样投入和自信？是否有一丝不情愿、不确定或漠然的迹象？这些通常都会是很细微的信号。人们并非总是深深地叹息和翻白眼。在说任何话之前的第一反应往往能揭露一个人的真实想法。

人们有各种各样的个性和表现风格。没有能够对同一请求或指令做出一样反应的两个人，而不同的人需要不同的激励和鼓励方法。例如：有些人喜欢赞美，而有些人却不喜欢赞美，尤其是在公共场合；有些人可能会因为批评而感到羞愧，而另一些人可能正需要批评以专注工作并激励自己。超过一定的规模之后，你的团队将会由各种各样的人组成：内向者和外向者、思考者和感受者、规划师和黑客。领导者面临的一大挑战是创造一种环境，让所有风格独特的人找到让自己感到自在的方式，并在你的团队中取得成功。这也是管理之所以有趣的一大原因！

最后，没有什么能替代这种做法：花时间去了解你管理的人，了解他们的风格，以及在从分配新工作到在项目期间提供反馈以及对他们的成功进行奖励的全过程中，要如何与他们相处得最好。对于一些人，你会和他们很自然地相处融洽，而另一些人则需要你花更多的时间去了解——不管你认为你有多了解一个人，和你的团队成员坦率地谈一谈他们需要你做什么，以及你如何帮助他们取得成功，都会是一个好主意。

一个很好的做法是与你的团队成员定期进行一对一的会谈——至少两周一次，最好比这更频繁，问问他们需要你做什么，有没有什么你可以消除的障碍或者有什么是你应该停止做的事情。如果你只有上级而没有自己的团队，那么你可以在一对一的会谈中抓住机会问问你的上级，你还能做些什么来帮助他们自身、他们的团队和业务。一旦你清楚地知道你做什么能令人满意，你就能更好地完成任务了。

智人智语：做有同理心的领导者

我注意到领导力中还有另外两个重要的要素——同理心和执行力。同理心是思考什么东西对他人来说真正重要的能力。执行力是将这种思考转化为行动的能力。情绪固然重要，但更重要的是如何将它转化为实际行动。

新兴一代的领导者具有多学科背景，这十分有利于创新。每一份工作都提供了成长的机会。然而，优秀也源于任务的深度和重复。优秀的领导者富有同理心，接受变革，坚韧不拔。让我们面对现实吧，让人们去做事是非常困难的工作，尤其是在你并非其直接上级的情况下！我们正处在一个讲究自我、为他人赋能的科学技术日新月异的后真相时代。但是现在，比以往任何时候都需要试着从别人的角度看世界，而不仅仅是你自己的角度。

杰勒德·格雷奇

Tech City 英国首席执行官

CHAPTER 15

第 15 章 打造一种企业文化

优秀的团队以优秀的文化、基本的价值观和信念为基础，这些支撑着一个组织实现目标、携手共进。

要想建立一个成功的团队，你还必须打造一种成功的企业文化。优秀的员工和卓越的领导方式是必不可少的，但这仅仅是个开始。不论你管理的企业是何种规模，都需要一种优势强大、表述清晰、充满活力的企业文化。

对领导者来说，企业文化可以触达你个人无法触达的地方。你不可能每场会议都参加，每个决策都亲自参与制定，每个项目都做带头人。许多事情会而且一定会发生，但你永远看不到，也听不到（除非出了什么差错），所以，你领导力之旅的核心部分就是打造一种文化，它能够在你不在的时候帮助你完成工作。

这可能会令人感到不安。许多领导者都个性鲜明，他们喜欢让尽可能多的事情尽在掌握。然而，学会适当放手既有好处，也有必要性。正如我们前面讨论过的，好处就是：让员工自己做决定、走自己的路，可以展现出你对他们的信任。必要性也很容易解释：在团队超过一定的规模之后，你有太多的事情要去处理，在初创企业中这种情况发生的速度比你预期的还要快。这就是为什么企业文化是你领导力工具箱的有力组成部分。

我们所说的企业文化是什么意思？简单地说，就是一个组织赖以生存和工作时遵循的一套共同信念和行为期望。它并非行动指南，而是规划蓝图——无论是书面的还是非书面的，人们可以用它来帮助自己与同事、客户和合作伙伴一起完成工作。你可以把企业文化看作一个组织关于如何做出反应和采取行动的共识。每一家企业都有它的文化，不管是好的还是坏的。它体现在你制定的政策、优先事项和工作流程当中，也体现在你聘用的员工的行为和他们彼此的关系当中。企业价值观是企业文化的起点，但不是终点。成文的价值观和写在纸上的文字本身并不是企业文化：它们对企业文化起到激励和强化作用，但企业文化是在你的企业和员工中，那些美好的想法生存和发展的方式。

接下来我们将讨论如何打造能够定义你的团队，并赋予你们目标感和指引性的企业文化和价值观体系。

塑造企业文化

近年来，企业文化，尤其是创业文化的重要性，已经得到了大型企业的关注，它们认为自己在富时指数 100 强企业或《财富》世界 500 强中的地位受到了新兴企业的威胁，这些新兴企业拥有创新的商业模式以及雄心勃勃、敢想敢做的文化。还涌现出一些到加州硅谷和伦敦科技城的“创新实地考察”项目，作为世界上最著名品牌的顶级领导者，他们以谦逊、好奇和富有远见的眼光看待创业文化，这可以帮助他们更快行动并做出更多创新。培养一种聚焦使命、由被授权的员工推动的创业文化，越来越被视为建立快乐、敬业和高效的团队的途径，而这反过来也将为股东带来更好的回报。

当我们告诉你，企业文化不是一夜之间就能建立起来的，或简单地敲敲手指就能形成的东西时，你应该不会感到惊讶。它不会呈现在某一页纸上，也不会按照计划去发展。企业文化是最有机的力量，它就像一朵罕见的花，你可以去培育、鼓励，但它只有在适宜的条件下才会生长。因此，作为一个试图打造一种企业文化的领导者，首先要明白的是，你无法完全控制它，就像一个园丁无法控制天气一样，你能做的就是为积极的企业文化创造合适的“生存”环境。根据我们在企业初创期和发展期打造企业文化方面的经验，以下是一些你需要考虑的企业文化的关键组成。

目标明确

目标明确的企业的利润比同行高出 4 倍。在你领导的团队里，你需要一个比结果更高远的目标，一个允许员工做最勇敢的自己，做挑战现状的工作并产生积极影响的目标。目标可以让你塑造一个未来、一个你和你的员工都想要参与其中的行业。没有明确的目标，你就无法拥有成功的企业文化，所以，你需要从明确目标开始做起。

以人为本

把建立强大的企业文化、培养员工放在第一位，意味着你对有一个准备好解决最棘手问题的忠诚的团队充满信心。企业文化是通过它的员工来实现的，他们是企业文化的守护者。每一个你招募进团队的人都会或多或少对整个企业文化产生一定的影响。这意味着你需要在招聘时考虑到企业文化，选出那些最能体现价值观，并能在团队和企业发展变化时接受企业文化演变的人。

开放包容

在这个混乱的时代，开放和透明的企业文化比以往任何时候都重要——你要知道，团队中的每一个成员都乐于在早期了解坏消息和市场面临的挑战。你还需要那些愿意挑战决策的人，并确保你能提供让挑战发生的平台。利用全体大会或定期的团队会议来沟通挑战议题、发现问题所在，让你的员工有机会分成规模更小的小组进行讨论，这样会议就不是单向的上传下达了。你需要所有的员工都眼观六路、耳听八方，所以要培养一种开放的企业文化，让所有人都能传递好的想法——我们公司一些最好的想法来自有工作经验的学生和实习生，但只有当他们觉得自己得到授权时，才会分享自己的想法。

灵活敏捷

尤其是在这个充满不确定性的时代，你需要接受企业文化向新的方向演变并从根本上保持开放的心态。如果你坚持学习和阅读，不断进步、试验和质疑，你就可以站在重塑这个世界的趋势的前沿。世界上有太多的未知事物，所以要关注你能掌控的事情而非你不能掌控的事情，这很重要。也许你无法控制整个企业的发展，但你可以对你所在的团队产生影响。面对大量的可用数据，每个人都面临着被恐惧和在做决定前“需要再多一个数据点”的想法支配的风险。事实是，数据点一直在变化，而且总是会有其他原因推迟工作，所以要有足够灵活敏捷的个人精神和团队文化，这样即使是在变革的冲击下也能处理好手头的工作。

有求知欲

你的企业文化不但要足够敏锐，能够对不断变化的世界做出反应，它还需要以学习为核心。你希望员工充满好奇心，抓住每一个机会学习新技能、吸收新想法、认识新的有影响力的人以及行业领导者。最好的企业文化不仅仅是为人们创造一个可以好好完成工作的环境，它还应该能帮助人们了解自己所在的行业，这样他们就能更好地完成工作。

善于合作

在充满不确定性的时代，未来就像一个可怕的敌人。如果我们能集中资源办大事、齐心协力面对不确定性，我们就都有更多成为佼佼者的机会。身处团队之中意味着既要倾听每个人的意见，又要发挥个人的长处。对内，这意味着跨部门的零散人员共同解决特定的痛点或共同从产品中获益；对外，这意味着建立更多的合作伙伴关系和战略联盟。不要躲在一个封闭的圈子里，要不断接纳新的想法、新的伙伴和新的可能性。

追求多元化

这是一个简单的规则：团队越多元化，制定的决策就越科学；企业越多元化，就越具有创新性；员工越多元化，他们带来的收入就越多。麦肯锡咨询公司近期的一份报告显示，多元化程度排名前 1/4 的企业，其财务回报相比行业平均水平可能要高出 35%。所以，要让你的企业文化不仅欢迎多元化，还要积极拥护和促进多元化。

以价值观为中心

作为一名领导者，对你来说最重要的事情不是设定价值观，而是遵循价值观。价值观不是口头表述，而是实实在在的行动。几乎所有超过一定规模的企业都会声明自己的使命、目标和价值观，但很少有真正遵循的。要想让价值观得到切实遵循，你就要需要依据价值观去雇用和解雇员工，做升职或降职安排，以及启动或停止项目。你必须一如既往这样去做，并且要长期坚持下去。只有这样，你才能有资格讨论价值观和企业文化。

做一做

组织一次小组会议或成立一个企业文化工作组，来探索一下目标明确、善于合作、灵活敏捷以及开放包容在团队中有哪些内涵。和同事们一起就以下问题进行研讨：

- 我们的使命是什么：我们在这里做事的中心目的是什么？
- 我们关心什么：个人还是集体？
- 我们的优势是什么：使我们与众不同的是什么？
- 我们做的是自己热爱的事情吗？
- 如果可以的话，我们明天会改变什么？
- 有哪些事物没有发挥应有的作用？我们应该怎样着手去改变这个情况？
- 在未来三个月和未来一年中，我们最大的目标是什么？

根据以上问题的答案创建一张企业文化导图，它可以包含以下方面：

- 你们想一起完成的重要事项。
- 团队优势。
- 你们对彼此和团队所要做出的承诺。
- 你对加入到团队中的成员所抱有的期待。

智人智语：发挥人们的长处

领导力的关键在于发挥人们的长处，而不是自视甚高。最好不要认为自己是房间里最聪明的人；相反，要让你身边都是最优秀的人，并使他们发挥聪明才智。这样一来，你们就能实现共赢。自信固然重要，但如果你过于自信，你就不会努力了。适度缺乏安全感可以让你脚踏实地、保持警惕。

永远不要认为自己是一件成品，要永远有求知欲，对他人感兴趣并认真倾听。想想你周围发生了什么事，它会给你的业务带来哪些影响。相比分析思维和学术资质，同理心将带你走得更远。

> “准时出现，与时俱进”（Turn up on time and follow up）是你工作和生活中的人生箴言。要值得信赖，要现身参与，要积极行动。在通往顶峰的道路上，你有能力得到别人信任，让对方相信你能完成任务，这一点的重要性不可被低估。决定好你在工作和生活中想取得什么成就，不要把它看作一种要比下一个人更优秀、更伟大、更富有或更受欢迎的竞争。要目标明确，依据那些对你来说真正重要的事情来设定你的目标。这个过程可能会很复杂，一路上会有意想不到的种种事情发生，但你的生活将会因此变得更有乐趣！
>
> 罗伯特·斯旺内尔（Robert Swannell）
>
> 玛莎百货（Marks & Spencer）前董事长

第四步　争取支持 小结

要点

- 对一个领导者来说，投资于自己的团队是你最重要的事情：尽可能多地集中精力去寻找、支持并拥护优秀的人。

- 优秀的团队领导者所具备的两种永恒不变的特质就是有勇气和善良。你不仅需要勇于做出艰难的决定并对此负责，还需要勇于信任并授权他人，在你犯了错误、需要改变的时候勇于接受现状，以及在困难堆积如山的情况下勇于继续前进。
- 培养同理心，以便在这个人才激烈竞争的市场中与你的团队建立牢固的关系，并以全面的视角看待你的团队。
- 要多加注意自己使用的言语、肢体语言、语调，留意别人是怎样解读这些信息的。要认识到每个人都是与众不同的，需要得到相应的对待。
- 创立一个成文的、易于理解的企业文化：一套指导你的团队和员工的价值观、原则和目标，能够为他们齐心协力做事提供蓝图。

练习任务

花一天或者半天的时间体验一下某个团队成员的日常工作。和他坐在一起工作，从他的视角了解一下整个企业和团队的情况。你了解到哪些你之前不知道的东西？你会据此做出哪些调整？

读一读、听一听

书籍

- *The Empathy Era: Women, Business and the New Pathway to Profit*，贝琳达 · 帕马（Belinda Parmar）。
- *Team of Teams: New Rules of Engagement for a Complex World*，斯坦利 · 麦克里斯特尔、戴维 · 西尔弗曼（David Silverman）。
- 《团队协作的五大障碍》（*The Five Dysfunctions of a Team: A Leadership Fable*），帕特里克 · 兰西奥尼（Patrick Lencioni）。

音乐

- *Good Vibrations*，海滩男孩（Beach Boys）。
- *We Built This City*，星船乐团（Starship）。
- *We're All in This Together*，《歌舞青春》插曲。

接下来

- 通过最小可行计划、组织人员和极限沟通来提供明确的战略。
- 以灵活的思维和敏捷的方法在不确定性中前行。

STEPPING UP

How to Accelerate
Your Leadership Potential

第五步

胜利：交付出色成果

你的进阶之旅快要到达终点了。到目前为止，我们已经讨论了在这个瞬息万变的世界中进阶为领导者应具备的一些理论素养和大量的实际应用能力。你该怎样去制定一个具有指导意义的领导使命，如何打造进阶技能的工具箱，如何建立领导力人际关系网并组建团队，如何培养勇气、善良和同理心等领导特质。

现在我们想以如何实现这一切为内容来做本书的终章。你是如何取得所有重要的胜利、如何庆祝胜利的，将决定你作为一个领导者会怎样成长。

因为如果实话实说的话，领导力最终可以归结为这样一种能力：创造条件、激励行动，在取得成果前将一切团结在一起，产生影响并取得辉煌的成果。

你该如何组建团队、创建必要的流程，并应对每天不断变化的环境？你需要建立哪些流程，又需要在多大程度上依赖敏捷性和灵活性？当压力来临，最后期限迫在眉睫的时候，有什么方法可以确保你的团队发挥出最佳水平？

以上就是我们在这一步所要讨论的内容，会特别关注以下几点。

思路清晰

从企业的沟通方式到团队和项目的管理方式，领导者所应具备的一个基本素养就是思路清晰。不管团队成员有多优秀，如果没有足够清晰的时间表、角色定位和优先事项，一个复杂的项目可能很快就会触礁。在本章，我们将重点讨论作为领导者，当你的团队处理具有挑战性的项目和任务时，你有哪些不同的方式可以为你的团队照亮前进的道路。

在不确定性中前行

与指示清晰相对的是，作为领导者，你将不断面临不确定性、已知的未知数和不断变化的环境，这些未经事先通知就会进入你的收件箱或在你吃早餐的时候通过社交动态映入你的眼帘。对这些变化做出敏锐的反应，以及灵活地适应结构和流程的变化，是当今领导者应具有的重要素养。

身兼多职

作为领导者，你的角色是什么？答案就是为了满足团队的需求和你所面临的不可预知的挑战，你需要身兼多职，并随着日常工作的调整和变化，不断地进行角色转换。

智人智语：专注于努力，这是你可以掌控的

在这个令人兴奋但动荡不安的世界里，领导者（和其他人）要想取得成功取决于三个主要因素：丰富的想象力、积极乐观的心态、敢为人先的勇气。能够对未来做出预判、对此感到兴奋是一种感染力，也是一种乐趣。拥有坚持到底的韧性和决心会让每个人（包括你自己）都收获成功和快乐。

大多数企业把所有的时间都花在关注事情发生后的结果上，这可能会给人带来挫败感和心理恐慌，导致人们想要走捷径或者妥协。当然，好的结果十分重要，但不要忘了先有努力后有结果。越是激发人们去努力，结果就越好，也越令人满意。所以要做一个认识到努力的重要性并专注于努力的人，这是我们在工作中唯一可以自己掌控的事情。

迈克·凯利（Mike Kelly）

Kelly/Newman Venture 创始人兼 CEO

CHAPTER 16

第 16 章 提供清晰的思路

作为领导者，你最重要的作用之一就是在计划、项目管理和沟通方面为员工提供清晰的思路。

你希望我做些什么？下一步怎么办？再提醒我一次，为什么要这样做？这些都是你作为领导者每天要处理的问题。基于你的角色和资历，你的团队会希望你明确企业的使命和目标，明确表述人们应该如何合作，确保项目的成功，并清楚接下来会发生什么。想在一个瞬息万变的环境中提供确定性是不现实的，但你能做的是尽你所能为你的团队提供清晰的思路——目标、需要的流程以及优先事项都是什么。

作为一名领导者，想要做到思路清晰，有三个方面是必须做好的：规划工作流程，组织人员，就目标和结果进行沟通，这样你的团队就能知道什么是胜利。

最小可行计划

无论你想要给团队安排什么项目、上市产品或新方案，你都需要一个计划。这并不意味着你应该坐下来写一份堪比《战争与和平》的计划文档，或者构建一个包含10 000个格子的甘特图表，在几个月的时间里一点一点完成。在如今的商业环境中，这样做简直就是自废武功，你也浪费不起这个时间。

相反，这意味着制订一个众包[㊀]框架计划，为项目的生命周期提供一个特定的参考标准。与最小可行产品（指推出的产品的最简单版本）的思路相同，您需要为项目制订最小可行计划：一个可以让你的团队清楚知道你想要实现的目标，谁负责做什么以及什么时候交付成果的最简单计划。

你应该尽快召集项目团队并召开启动会议，作为领导

㊀ 企业利用互联网将工作分配出去、发现创意或解决技术问题的方式。——译者注

者，在会议上你首先要给出项目的商业背景——我们为什么要这样做以及为什么要现在做，同时设定你希望项目所能实现的最高目标，例如：得到新的客户，获得更多的网站流量，提高交易转化率……当然，对每个不同的项目来说，情况有所不同。一旦你在会上完成了上述事项，就可以新建一个共享的文档，和团队成员一起编制你们的“最小可行计划”。计划应包含以下几点内容：

- **背景：**我们为什么要做这个项目？基本的商业原理是什么？为什么它现在特别重要？
- **目标：**我们想要实现哪些目标，交付哪些成果？启动前和启动后都要做什么？就这个项目而言，好的 / 更好的 / 最好的成果应该是什么？
- **时间：**从项目启动到成果交付需要花费多长时间？我们可以分段交付吗？
- **人员：**执行赞助商、项目经理及主要利益相关者都是谁？谁在特定领域享有所有权？我们是否遗漏了某个可以实现这一目标的人？
- **资源：**预算是多少？我们是否还需要额外的场地、

人员或者合伙人？

- **障碍：**哪些事情会延缓我们的进度或者难住我们？我们能从以前的项目中吸取什么教训吗？我们能抢先一步做些什么来阻止这些事情发生？
- **后续：**接下来需要做什么？为每个步骤指定一个名称。还有人需要知道这个项目吗？我们下次什么时候开会讨论进展？（在第一天就建立一个项目邮箱别名或开通沟通渠道可以大大简化沟通。）

需要注意的是，最小可行计划并不是要一点一点地规划出在项目生命周期内需要发生的所有事情。比起地图，它更像是一个指南针，两者的区别很关键，因为它从一开始就为项目构建了弹性、敏捷性和灵活性，与此同时，也明确了任务的目标、所需的流程以及人员安排。

除了搭建一个活生生的计划的雏形之外，大家一起编写文档可以确保整个团队都参与到项目中并理解项目的重要性。如果你能解释清楚工作流程的来龙去脉，团队就能为项目做出更有价值的贡献。一起制订最小可行计划可以帮你着手打造一个忠诚的团队，在这个团队中，大家明确自己的角色定位，并对自己制订的计划和项目的成功负责。

将最小可行计划作为后续小组会议的共享议程，这样你就可以时刻与最初目标对齐来跟踪行动，并在情况需要调整时明确地告诉团队，而他们肯定会认同你！

如果你是负责正在进行的工作任务的领导者，当可能无法保证项目按计划交付时，你仍然应该考虑如何让团队清楚地了解工作规划。这可能意味着每两周需要召开一次更长的规划会议，便于团队成员就优先事项达成一致，还需要每天召开 15 分钟的站会，便于每个人分享前一天的工作进展、今天的工作重点和潜在的障碍。通过将所有人短暂地聚集在一起，公开信息，你就可以实时地解决问题，避免重复工作，提高效率。

小提示

尽量减少坐着开会的次数，通过站着开会强调简洁性并让团队成员保持劲头十足。如果你带领一个团队，要记得问一下他们有哪些困难需要你帮忙——这是一个你帮团队分担困难的机会。

你既可以通过日程管理应用软件 Trello，也可以通过采用低技术含量的方法——在实体墙上贴上便利贴来组织这样的会议。用负责人的名字来标记关键任务，包括时间安排，如“即将完成”“本周要做”“今天要做”或“已完成”。然后，这面墙就可以实时体现团队工作流程状态，直观地体现工作进度和尚未开始的工作。这样一来，团队中的每个人都要对他们公开说过的话负责。

随着你一步步进阶、同时管理多个项目和团队，制订最小可行计划会非常有用，能帮助你一步步实现业务上的最佳规划。然而，并不是所有事情都能顺利进行，领导者的一项重要责任就是不断学习和适应，特别是当团队第一次聚集在一起，成员可能有着不同的风格和工作方法时，这项责任就显得愈加重要。

作为一名领导者，你需要拥有一种不断进步的心态：团队所做的每一件重要的事情都应该能提出适应业务发展的新思路和新想法。现在开始把计划看作开发团队集体知识和技能基础的重要组成部分吧。

做一做

你能找到一个尝试最小可行计划方法的机会吗？让团队知道这是一个实验，并提前准备好一个模板，这样会议一开始你就可以立即工作了。你要努力吸收每一个人的观点。可以指定一个抄写员对接下来的步骤进行记录。在可能长达两个小时的讨论会结束时，问自己以下几个问题：

- 目标是否清晰明确？时间表是否商定好了？
- 团队中的每个人都清楚自己的角色和主要责任是什么吗？是否有其他没有参加会议的人？——他们也许是其他团队的同事或你的老板，他们理应得到使用项目电子邮箱别名、看到最小可行计划的权限。
- 作为领导者，是否还有什么地方存在困惑需要你去解决？例如，是不是有额外的预算？项目的进展与公司的目标一致吗？

萨拉语录：以终为始

在Unruly，一个新项目启动时我们要做的第一件事就是回顾总结上一个项目，大家集体讨论事情进展如何、我们学到了什么以及下次我们会采取哪些不同的做法。我们不允许使用“事后分析”一词，因为回顾总结不是追究责任也不是关注缺点；相反，这样做是为了确保刚刚完成的工作得到认可和该有的庆祝，并以此作为下一个大项目的跳板，在高强度任务中获得的重要信息不至于丢失而得以保存，并在未来得到充分利用。

人们总想要省去新项目的规划步骤，但这很容易形成一个坏习惯：在新产品剪彩或计划发布的那一刻开始，就把重点从一个项目转移到另一个项目上去了。不要错过从所有已经投入的工作中学习的机会。如何从大项目中学习并在未来工作中学以致用？答案就是：让回顾总结发挥关键作用。

> 不要让回顾总结变成一场责备游戏。敏捷开发理念的核心就是在每次会议开始的时候都要陈述“基本指令”：“考虑到当时大家所掌握的知识、技能、能力、可利用的资源及现实情况，不管我们发现什么，我们都理解并相信每个人都竭尽全力了。”这种表述对于为会议定下一种积极的、非批判性的基调是无价的。

组织员工

我们已经讨论了培养和发展团队成员的重要性，如果你想要确保取得胜利，同样还需要合理组织员工，以发挥最佳效果。不要仅仅认为你的团队成员是根据特定技能和工作流程组织起来的专业人员，他们还是一群可以在不同时间以不同方式调动起来发挥最大作用的人。下面是一些组织员工的关键方法。

结对

组织员工最有效的方法之一就是将他们结对。这是软件开发中经常使用的一种方法，两个人一起编写代码虽然可能看起来会比较慢，但从长远来看两个人一起会比单独一个人效率更高。作为一对，开发人员可以实时对等地查看彼此的代码，并在将代码放到代码库中进行配对时提出更好的解决方案。这样就可以在代码运行之前发现并纠正错误，而代码库的知识也不会只存在于一个人的头脑中。

除了软件开发，你也可以将这种方法运用到其他工作安排中。两个人组成的团队意味着有人可以交流想法、提出反对意见、互相校对、核实（或检查）对方的工作。把掌握不同技能和性格截然不同的人放在一起工作，可以让他们互相促进，共同创造比单独工作更好的成果。鼓励结对的员工用其他方式加深他们的伙伴关系，例如在会议上展示。

成群结队

成群结队将结对提升到了另一个层次。你可以借此把整个团队的力量聚集在一起，以团队的形式来解决大问题或者对一个全新的领域展开讨论。在软件开发中，这意味着一群工程师围坐在一个超大屏幕前长达一个小时，每个人轮流到键盘前处理同一段代码。这是一个绝妙的方法，可以确保在更广泛的群体中分享处理工作的思维过程和知识基础。你可以将这种方法运用到团队的各个部门，从人力资源部门到市场营销部门：大家聚在一起，就同一个工作问题集思广益，及时提供反馈和想法。这个方法甚至适用于跨办公室的团队，而且在很大程度上有助于减少信息的不对称性。在你的公司里，你认为有哪些项目可以从成群结队中获益？那些令人兴奋的、积极的、可以共享的经验可以催生意想不到的想法，并让整个团队拥有更强的归属感。

组建小分队

除了两两结对和成群结队，对于那些大型项目，还可以考虑组建小分队：让各个业务领域的人聚集在一起共同完成重要项目，如开发新产品或启动重要的活动。

根据每一个项目所需要的团队数量不同，一个团队的规模可能也会有所不同。队员们可以一起制订一个最小可行计划并定期开会讨论进展。

在通往成功的道路上，小分队的任务有很多：

- **说明项目的重要性**。为完成指定项目而专门组建特殊小分队，有助于提高大家对项目的关注度和目标感，公司里的其他员工也可以看到这是一个优先项目。
- **应对复杂的商业挑战**。小分队通常由精锐的成员组成，首先也是最重要的一点是将所有必要的技能和经验结合起来，以处理那些复杂的项目。由于成员来自各个业务领域的各个部门，他们可以为同一问题带来一系列不同的观点和解决问题所必需的技能。出于同样的原因，他们可以在全公司范围内引发大家对重点项目的兴趣和关注，并代表所有不同团队的需求（和关注点）。
- **帮助新兴领导者收获跨职能经验、了解公司情况**。从学习和发展的角度来看，小分队是非常有价值的工具。小分队这种模式具备培养新兴领导者的条件，小分队成员可以为那些准备初次获得管理经验的人提供一个试验场，在这样一个环境中，他们拥有更有经验的领导者支持他们并帮助他们继续前进。

做一做

将团队的工作方式和你在特定项目上投入的人员和才能结合起来。这能够鼓励那些通常不会在一起工作的人共同承担一个项目，或者创建属于你自己的多元化才能小分队来解决一个大项目或者业务问题。创造一种人们渴望成为某个特殊团队其中一员的感觉。

智人智语：团队和组织结构胜过个人品质

我所观察到的是，有时候过于强调领导者的个人品质，而不是他所代表的立场、价值观和打算付诸实践的想法。要想成为优秀的领导者，有对他人的同理心力固然至关重要——理解别人的

> 出发点，给予合理的建议，慷慨大方，乐于接受别人的反馈并以身作则。但还有一点同样重要，领导者需要有一个良好的组织结构和团队来支持才能完成工作。
>
> 卡罗琳·维尔茨（Caroline Wiertz）
>
> 伦敦城市大学卡斯商学院创业管理学院副院长、市场营销专业教授

极限沟通

要想在整个团队之中提供清晰的思路，一个关键部分是沟通。虽然这听起来很明显，但事实上，沟通不仅是业务中最重要的一部分，也是最常被忽视的一部分。

通常情况下，沟通都是不对称的，领导者认为他们做了很多，而他们的员工则认为他们几乎没有分享任何东西。作为一名领导者，你需要不断地验证并挑战你的那些关于如何与团队沟通重要业务信息的假设。快速思考以下几个问题：

- 你经常与整个团队分享重要（非机密）信息吗？

- 是否有解释清楚关键决策是在什么背景下、出于什么原因做出的？
- 坏消息（比如，丢失客户或者产品缺陷）是可以公开传播和讨论的吗？

沟通非常重要的一个原因就是，如果领导者没有持续不断地传达信息，团队中就会产生一个充斥着猜测和谣言的真空地带。这种情况的发生往往是由于组织工作没有安排得当而不是目标出了问题。多项工作齐头并进，人们就很容易遗漏一些东西，让领导层掌握的信息与整个业务团队已知的信息之间出现空白。

小提示

试着换位思考、设身处地地为那些接收你的信息的人着想，把沟通失败的可能性降到最低。他们会有何感想？他们接下来会怎么想、怎么做？永远不要害怕重复你自己说过的话。你的员工听腻了你说同样的话吗？如果答案是肯定的，那么这是一个好消息，你的信息终于传达到位了！

当谈到分享信息时，人们往往忽略了解释背景的必要性——如果你想提高自己的沟通技巧，一个简单的方法就是在每次沟通开始时解释一下原因，例如为什么你现在要求这样做，为什么调整了优先事项，为什么想要改变程序，为什么客户提出了不同的需求。你表达的见解越多，人们就越能理解你的目标，这将使他们处于更有利的地位，用你从未考虑过的解决方案解决问题，最终帮助你取得成功。当你的大老板（不管是董事会、领导还是客户）让你完成某项任务时，花点时间问问他们为什么需要你完成这项任务，好的成效是什么，以及什么时候需要交付成果，这样你就能最大程度地履行好职责了。

萨拉语录：极限沟通

在业务工作上不存在最佳的沟通方式，特别是在业务规模扩大的情况下，所以如果你想在沟通方面领先，就需要在你自己的沟通工具箱中放入各种各样的工具。在 Unruly，最初只有我们 12 个人，我们坐在两排办公桌上，然后我们开始制作每周新闻简报——周五快报，它可以确保每个人都知道整个公司一周之内发生的事情。这么多年过去了，它已经变得不可或缺。我们会通过在会议大厅口头传达、发送电子邮件、在冰箱上和卫生间门后贴便利贴等方式传达季度目标。面对面分享信息和评估反馈是最好的方式，如果你可以用视频会议代替打电话，那就更好了！这种方式将帮助你更有效地理解可能身处地球另一端的同事并与他产生共情，这种方式也能帮助你建立进阶之旅上所需要的开放式沟通以及牢固的个人关系。

为了促进信息共享和围绕关键决策的双向对话，我们通过一系列论坛——有些是定期举办的，有些是临时举办的，把团队聚集在一起。当你阅读列表时，请考虑一下在你自己的业务范围内哪些是最有用的。列表主要包括：

- 每天召开一次 15 分钟的站会快速回顾工作进度和关键行动（每周一聚集办公室全

体员工召开一次类似的会议）。

- 每周召开一次高管团队领导会议，每天设置 10 分钟签到时间。
- 每两周召开一次产品规划会议，将负责各个业务环节的人聚集在一起，以规划工程团队的优先事项并进行资源分配。
- 每个月进行一次展示说明，工作小分队和职能团队可以分享最新的工作情况、近期的研究发现、流程的变化或最佳实践。
- 每个季度进行一次高管回顾，高管团队与高级领导团队会面，分享过去一个季度的反馈并讨论下一季度的优先事项。
- 每个季度进行一次全体会议，分享并讨论整个公司的战略优先事项。
- 每个季度进行一次全天活动：全体员工进行一次类似 24 小时编程马拉松的活动，公司的每个团队都专注于一个特定的战略目标。这样真的能把大家聚在一起，并有助于为完成重大项目积聚动力。

- 每年举办一次龙巢比萨（Dragons' Nest Pizza）和普罗塞克[㊀]（Prosecco）宴会，让团队向领导者们介绍新的产品想法和概念。
- 每两年举办一次 Unruly 盛宴：这既是为了培训充电，也是为了活跃氛围！地点在伦敦，全世界各子公司的员工都在邀请名单上。

考虑到目前 Unruly 在 8 个不同时区的 20 个办公室运营，你就可以理解，严格确保关键信息、发展和成就在整个团队中得到充分沟通的必要性。然而，即使你领导的是一个在彼此都能听到的范围内工作的小团队，这个原则也同样适用。距离近并不能保证良好的沟通，所以你必须努力，确保你的团队成员有机会了解自己工作范围之外发生的事情，同时让他们表达自己的想法。

㊀ 一种全球知名的意大利葡萄酒。——译者注

一点一滴的小事也能有大的作为：我们经常和自己的国际团队进行视频会议，为此我们在会议室里安放了一张锥形的桌子，在宽的一端放置视频屏幕，这样就可以让坐在锥形桌子上首的人通过屏幕看到房间里每个人的脸。这能让远程参会者感觉更有参与感，大大提高了他们参与讨论和决策的积极性。

智人智语：过度表达观点

做一个有远见的领导者。领导者能向人们展示未来的愿景以及他们会如何为之做出贡献，但过度表达观点这种行为是需要改正的。你必须确保每个人都知道在何时何地划桨，并帮助把船划到正确的方向上。多听少说。从社会文化的角度来看，倾听展现出同理心，这是领导者应该具备的一种优秀品质。单纯从商业角度来看，听而不是说能收集更多的数据点，从而做出更好的决策。积极倾听表明你了解他人、尊重他人，尤其是善于指导他人——这一特质将对你的职业生涯和生活大有裨益。

张安吉（Angie Chang）

连续创业者

领导者需要保持决策透明并解释清楚决策的背景，从而让他们的管理团队掌握所需的知识，并让每个人都参与进来。领导者就是能把一个团队凝聚在一起的人，不仅仅是一个管理团队或董事会团队，而是一个高级领导团队。做一个关注别人的优点而不是帮助别人克服缺点的人。我钦佩那些激励和推动变革的领导者。世界发展如此之快，你不能落在后面。所有我尊敬的领导者都有一个冷静的头脑和一颗善良的心。

路易丝·图林（Louise Tullin）

Unruly 市场营销与传播副总裁

智慧箱

作为一个领导者，只给你的业务设置一个清晰的愿景是不够的，通过讲故事让你的愿景在团队中变得生动，这样每个人不仅能理解自己所要扮演的角色，还能理解自己该如何融入整体愿景。变化是常态，所以你要适应它，也要让你的员工适应它。

妮科尔·谢菲尔德（Nicole Sheffield）

新闻集团（澳大利亚）首席数字官

CHAPTER 17

第 17 章 在不确定性中前行

作为一名领导者，你需要认识到现实中始终存在着不确定性，需要按照优先试验，培养员工的韧性，建立弹性工作流程。

作为一名领导者，如果你的关键任务之一是为你的员工提供清晰的信息和信心，从而让他们进入工作状态，那么一个同样重要但截然不同的任务就是你要应对好所面临的不确定性气氛。你必须要预料到意外情况，并应对那些即便组织安排和计划再多也无法让你做好准备的情况。这就要求你培养自己的适应性思维和协作解决问题的能力。重视实际行动，这将使你和你的团队在不确定时期拥有明显的竞争优势，当其他领导人、团队、公司和组织因对未知的恐惧而犹豫不决、恐慌或等待风暴结束时，你可以迅速采取行动。

智人智语：做好处理意外事件的准备

我认为优秀的领导者和领导力应具备的品质是拥有远见卓识、价值观、判断力、驱动力和影响力。需要具备一种推动发展和培养人才的能力，一系列通过言行展现出的坚定原则，一种勇敢面对问题的意愿，公平、真实、人道、谦逊——沉迷于跟同事和客户打交道。

由于我们身处的时代充满不确定性，所以新兴领导者必须做好准备去预判和管理突发事件，在应对变化时要灵活敏捷、有创造力并信心十足。在我职业生涯的早期，我就得知“商业与关系有关”。领导方式得当的话，这种与同事和客户的关系可以转化成工作和巨大成果。

西利亚·斯诺博尔（Cilla Snowball）

AMV BBDO 集团首席执行官、董事长能够认识到不确定性并在此中前行是现代领导力的核心。是的，你需要制订一个包括任务目标、指导原则和时间表的计划。但如何做到这一点，需要不断重复和革新。

管理混乱是当今许多领导者所面临的现实，作为领导者，你需要接受这一点。这意味着你不可能得到所有问题的答案，你也应该接受这一点。你不是要扮演无所不知的角色，而是要有接受不确定性的勇气，并让你的团队也具备这一点。在当今快速发展的市场中，做一个增长黑客要比做一个纪念碑建造者好得多。

世界上所有的计划就算再周密，也都无法预料到隐藏的冰山以及不可预见的事态发展。这是什么意思？如果有效领导力的首要条件是要有制订和形成计划的能力，那么其次就是要知道何时需要撕碎计划。有时候，情况只会告诉你，你的行动已经偏离了方向，在这个阶段，你可能需要改变计划。

在你让团队偏离正轨之前，要仔细思考一下：你是否对一个新的数据点反应过度了，你以前是否遇到过类似的情况，是否有你没有考虑过的选择，是否还有其他人可以帮助你做出更好的决定。如果你在问过自己这些问题后还是认为有必要改变计划或策略，那么是时候跟你的团队解释为什么发生变化了，让他们清楚这对他们以及当前的项目来说意味着什么并征求他们的反馈和建议，以让变化成功。

你不应该以成为一个混乱的领导者为目标，但你必须接受你所处的世界通常是混乱的这一现实；不要让外部宏观经济的不确定性或内部组织过程影响你在必要时做出快速决策、改变或调整。如果你想激励你的团队接受改变，最好的方法就是以身作则。

许多改变的发生都是你无法控制的，也无法避免或者阻止，例如企业兼并、新的市场竞争者或者经济衰退。但是你可以在精神上和文化上为改变做充分的准备，培养员工的韧性、建立弹性的工作流程。试着在较短的计划周期内完成工作，这样当你周围的市场发生变动时，你就可以改变优先事项。虽然你可能仍然想给人们设定季度目标，但也要做好思想准备，这些目标可能会发生变化。这没关系，只要你能清楚解释为什么会发生变化，并确保你为了专注于新的优先事项取消了其他的工作安排。你不会想要承担更多额外责任，因为这会分散团队的注意力，打消他们做事的积极性。

根据我们的经验，一旦人们了解到你正在考虑改变能带来什么影响，并考虑到对他们会造成哪些影响，他们就会更愿意接受改变，并专注于找到实现改变的最佳方法。

在项目进行到一半的时候进行切换或改变方向极其容易让整个团队分心并失去动力，所以如果优先事项发生变化，你必须解释清楚原因。让你的团队知道方向变化的动因，大方承认这将会影响他们的工作量，并在如何最有效管控影响、如何快速为新方向提供动力等方面征求他们的建议。这里有一些前瞻性的策略，可以帮助你在充满变革和不确定性的环境中做一个好的领导者。

共享信息

当发生意想不到的变化时，每个人都会感到措手不及。作为领导者，你可以通过与员工共享你所知道的信息来应对变化。发生了什么、为什么发生、下一步怎么办，你能分享的相关信息越多，你就越有可能减轻冲击和重大变化事件带来的焦虑。共享信息有助于让大家知道有人在承担责任，你的员工会支持你努力恢复平衡。如果你没有什么可以共享的信息，那就让大家知道你还没有可以共享的信息，但你一定会找到的。在不确定时期和灾难时期，听到你的消息并知道你是如何回应的会让你领导的人们感到十分欣慰。信息真空会造成焦虑，无用的谣言也会悄然而至来填补这一空白。通常情况下，变化并不像人们担心的那样剧烈，所以定期召开最新信息会议是会有所帮助的。你不是孤军奋战的，你可以把团队叫到一起讨论问题、寻求意见、集思广益，以便继续前进。

按优先顺序处理

不要试图一次搞定所有的事情。当事情处于不断变化之中的时候，试图对每件事情都进行控制或回应是没有意义的。要按优先顺序处理事情，按照最重要、次重要、第三重要这个顺序去解决问题。允许自己在一段时间内搞不清楚状况或者有失控的感觉。有时候，事情需要顺其自然发展，几天后就会平静下来。有时候，你必须迅速做出反应，而有时候，最恰当的反应就是等到合适的时机再行动。当你在重大变化中不断收获经验、积累信心时，你关于如何做出回应的本能就会越强烈。

享受匆忙带来的刺激

让我们现实些。世界的快速变化是一种新常态，这在很大程度上是由新的数字化进步加速的。所以，你也可以跳上这趟便车，享受匆忙带来的刺激！要适应不舒服的感觉，轻松对待一个接一个的重大变化。你越是能认识到不可预测性是一种新的可预测性，你就越可以放手把自己从要一直掌控事态这种想法中解放出来。不要把在变革中领导看成一件会过去的事情，要把它看作新常态并接受这一点。

也许你可以为自己设置更多的个人界限，这样你就可以享受匆忙带来的刺激，但不至于因过度警惕而筋疲力尽。你不需要一天 24 小时处于待机状态。你可以步行去上班，呼吸新鲜的空气，仰望天空，学习调整自己的节奏来应对行业的快速发展。

坚持以目标为导向

在动荡的时代，坚持以目标为导向比以往任何时候都重要。当我们经受变化带来的考验时，目标能让我们坚定不移。毕竟，你是谁、你为什么想当领导者、你想以怎样的方式去领导，这些都是不变的。有了强烈的核心目标意识，不管你周围发生什么，你都知道如何应对和回应、怎样继续领导。没有目标，你就只能受事件的摆布而左右摇摆，而不能坚持你自己的计划。

不断前进，保持沟通

有时候你可能会觉得自己没有任何进步。然而，在这些最艰难的时刻，要有韧性，不要放弃，继续前进。一只脚迈在另一只脚的前面，然后继续走下去。告诉自己努力不会白费，很快就会有转机的。如果你放弃，一切就真的结束了；但是如果你不断尝试，就有机会取得进展。企业家有很多东西可以教给企业的领导者，让他们知道在努力实现目标和取得成果时会面临哪些挑战。这种企业家智慧——足智多谋、顽强的决心，是一种在变革时期所需要的坚韧。记住要保持沟通，时刻和别人站在一起。你无法独自做到这一切！

高瞻远瞩

当我们身处各项事务之中、面临挑战时，想要保持洞察力、放眼全局是很难的。比如说，当对前景感到悲观时，我们就不愿承担风险，就会缩减而不是扩大可能发展的范围，就会产生负面的螺旋式下跌。生活不是一帆风顺的。不管你在哪里工作、扮演什么角色，有得意时也会有失意时。坚韧就是要保持洞察力，拥有从全面视角看待问题的能力，要意识到情况可能没有你一开始想得那么糟。如果你遭遇了挫折，你可以从中吸取教训，把它变成经验，要意识到你不是第一个或唯一从困境中走出来的人。你可以的！

做一做

在你目前的职位中，你能对你的团队或业务产生积极影响的最佳机会是什么？现在列出三件你手头正在做的，但你或你的团队可以停止做的事情，以便腾出时间去尝试你刚刚发现的更好的、更有影响力的机会。甚至你还可以和你的团队一起尝试这个练习，你可能会发现你有比想象中更多的时间去尝试新事物。

萨拉语录：增长黑客

一个帮助你驾驭变化的良好思维就是“增长黑客”。从技术角度讲，它指的是通过快速实时的试验、产品迭代和市场营销手段等吸引并建立客户群。“增长黑客”思维是把握住能推动你事业前进的机会，尤其是那些日常生活之外的机会以及那些可以在短时间内用最少的花费产生巨大影响的机会。我最喜欢的“增长黑客”产生于早期的 Unruly，那是在 2010 年，当时我们还是一个仅有 20 人的小规模初创公司。当时政府正在发起打造科技城倡议，为促进伦敦数字创业，首相戴维·卡梅伦（David Cameron）正在伦敦东部举办一个活动，科技界的杰出优秀人物纷纷出席。

鉴于当时我们还不为人知，我们没有出现在邀请名单上不足为奇，所以我们不请自来了。当贵宾们列队经过我们去参加活动时，我们的团队专门站在会场外，拿着 Unruly 品牌的坐垫。他们当中半数人认为我们是在抗议这场活动，另外一半则认为我们是官方赞助商！这个举动达到了我们预期的效果——我们结识了许多不可思议的人物，还上了当晚 6 点播出的新闻节目。这一切只需要我们投入时间。

三年后，我们的生意规模越来越大，知名度也越来越高。当科技城启动标志性的“未来 50”（Future 50）项目时，他们是来到我们的办公室里举办这场活动的。我们从一个身处其外的初创公司变成了身处其内的参与方。

无论你的公司规模大小、名望高低，你都能发挥影响力。作为大公司的一员，你可以获得较高的预算，这可能是一种优势，但有时这会抑制你的想象力，从而导致决策过度谨慎。因为资源有限会迫使人们谨慎地按照优先顺序做事情，这往往会带来更好但不那么明显的效果。我们相信，想象力胜过巨额预算，只要有明确的目标且抓住机会，单凭你的智慧也能大有作为。这就是“增长黑客”的内涵所在。

支持创新

要想在培养有韧性的领导精神的同时开创面向未来的业务，最有效的方法是为你的团队提供机会，鼓励并期待他们不断创新与实践。

作为一名进阶中的领导者，要把你所扮演的角色看作为团队里的其他成员树立榜样的角色：寻求更好的新方式以取得令人称赞的业绩不应该只是一个有趣的副业，而应该是整个团队思考和行动的核心部分。如果这样会走很多弯路，让你看到虚幻的曙光，那也没关系的！创新本质上就是一种投机的探索性行为，很可能会失败，所以会有很多想法行不通。

你的首要任务是帮助筛选新的想法，确保其与团队的任务和目标相一致。接下来，你需要确保人们能腾出时间来进行测试，在试验开始之前，你还需要帮助你的团队设置关键绩效指标。一旦开始后，鼓励大家尽可能在短时间内提供反馈，以便你和团队其他成员可以提出使测试有更大概率成功的建议和意见。最后，不管结果如何，都要认识到创新的重要性，称赞所有已经付出的努力，并尽可能广泛地传播这些知识，这样团队成员就会感到既有动力又有权力去继续探索新的机会。

同样，也有一些方法和技巧有助于将风险降到最低，将新测试收益最大化。下面是一些建议，可以告诉你如何在团队中加快创新步伐，并以此在你的企业中建立你作为创新者的声誉——一个能够认识到并充分利用新技术和新平台所提供的机遇的人。

从中间做起

不要认为每个新想法都需要像中世纪的大教堂一样，一砖一瓦地从底部慢慢建立起来，根本没有时间这么做。等到你准备好举行“封顶仪式”的时候，市场已经不在了。

不要从头开始，从中间开始吧。不要浪费三个月的时间来奠定基石；在实践中，这意味着你需要从你想要解决的问题的核心入手，或者从你想要解锁的机会开始。无论是提高你的业务在新市场的认知度，还是开发一款为用户提供更好体验的新手机应用，都要努力找出问题的关键：你怎样才能在最短时间内做一些事情来证明你的想法是值得进一步研究的。

关键是要在你浪费时间添枝加叶之前，尽早测试你那个风险最大的假设。市场环境瞬息万变，时间和金钱都是宝贵的资源，快速失败总比慢慢失败要好得多。

人们经常问我们，你们是怎么知道自己失败与否的呢？有时候很难去分辨，尤其是当你置身其中的时候。这就是为什么数据驱动是至关重要的，因为你总是会被自己对某个想法或项目的强烈感受所影响。所以，在你开始测试之前、在你对这个项目产生情感上的依恋之前，设定一个清晰的衡量标准来判定什么是好的、更好的和最好的——这会让你保持诚实。

测试、学习、再测试

有了新的想法和新的测试，从小处开始做起往往最有利于你。在有限的范围内验证你的想法，只针对某一个市场或某一种类型的客户，这样你就能更快地得到结果，就可以通过 A/B 测试将你的测试数据与现有的测试结果进行对比，也可以在不影响整个客户群体的情况下处理各种不可预见的问题。根据你所学到的知识，一旦你在小范围内证明了一个想法，就为你提供了一个在大范围内实现这个想法的研究范本。如果你已经在小范围内测试过并解决了问题，那么你说服你的老板和利益相关者重组运营团队、启用新的分析供应商或者将你的每周议程众包[1]的可能性就更大。

不要花费时间和精力去做新的测试了。专注于完成某件事，而不是要求第一次就做到完美，看看会有怎样的进展，最重要的是看看你能从中学到什么知识。然后改进你的方法，再测试一次，看看结果会有哪些不同。可以将这种测试看作许多低成本、低风险的试运行，这可以帮助你

[1] 企业利用互联网来将工作分配出去、发现创意或解决技术问题的方式。——译者注

了解你的想法是否值得追求，如果值得的话，还要想想你怎样才能在更大的范围内最充分地发挥它的作用。

打造空间以激发创造力和安全感

在如此多的变动中，让你的团队脚踏实地是一项挑战。当你打造持续创新和协作的企业文化时，想想你该怎样利用工作场所给人们提供见面和分享想法的空间。对我而言，餐桌是企业里最重要的家具，最重要的办公设施不是打印机，而是咖啡机。拥有一个人们可以一起吃饭、一起喝茶、一起想主意的空间非常重要，在一个令大家感到安全的空间里，一个让他们受到鼓励做自己的地方解决重大问题。相比之下，在正式的会议室里，人们往往不那么自然、更谨小慎微，也因此不善于进行创造性思考、不善于表现出共情。如果你是小企业的领导者，那么这个空间不必非在你的企业里，你们可以一起在公园拐角处的长椅上吃吃午餐、喂喂鸭子；还可以在咖啡店里放松一下，为令你一直苦恼的新产品想出一个名字。

如果你不是团队领导者或者你能安排的工作空间有

限，也别让以上因素阻止你——考虑一下你自己的办公桌，怎样才能把那一平方米的空间变成一个会谈的场所并能够支持组织达到目标。我自己的办公桌上放着一排我最喜欢的商业类书籍，我可以很方便地把它们借给别人。我们开发团队的墙上贴满了表情包和 PS 过的图片，销售团队喜欢在白板上涂鸦一周的业绩，而设计团队有一面墙的软弹枪。你可以做哪些事情让你自己的办公桌或团队的办公桌成为带动对话、激发创造性思考的话题呢？

固定程序以保证节奏稳健

当你所处的行业的形势不断变化，商业模式每天都在发生改变时，事情很容易就向失控的方向发展，这是你作为一个进阶中的领导者最不想看到的事情。

专注于那些你能掌控的事情，尽可能保持稳健的节奏。无论是周一开简会还是周五喝啤酒，无论是每周一对一会谈还是总经理开放会谈的时间，无论是定期在酒吧玩智力测试游戏还是每季度召开一次全体会议，程序固定能保证有一个框架和支撑，让活动得以进行下去。

萨拉语录：不可阻挡

在Unruly，我们发现音乐是一个有力的工具，它可以强化团队的固定程序，还能营造出积极、和谐的氛围。在健身房里播放音乐一直是常态；当你锻炼你的领导能力时，我绝对会建议你用音乐来提升你的能量水平、激励你的团队并创造固定的程序。周一早上，在Unruly全体站会上第一件事情就是英国公司办公室的员工会被鲍勃·马利（Bob Marley）的*Get Up, Stand Up*、本·E. 金（Ben E. King）的*Stand by me*或者单向乐队（One Direction）的*Stand Up*等音乐的独特音调召唤到集合点。

在周五早上进行的运营团队简会上，除了周五简会的主要问题“你能分享一个你这周学到的知识以及你意识到本周末会有一个什么挑战吗？”之外，我们通常还会问一个与音乐有关的问题，例如“本周你最喜欢的音乐是什么？”或者“说出一首令你感动的音乐”。然后我们会创建一个共享 Spotify 播放列表，每个人都把自己选的歌加进去，然后在周五下午的时候收听该列表中的音乐。鼓舞人心的音乐往往能帮助我们在工作一周的最后几个小时里充满能量，它们也会成为周五啤酒会上团队讨论的话题。

当我让 Unruly 员工们为本书的“进阶播放列表”（#Stepping Up）推荐一些曲目时，共享文档中在几分钟内就新增了 150 多首曲子，你可以在每一步的小结中看到一些精选。众所周知，音乐品位是主观的，所以你可能更喜欢创建属于自己的播放列表，但如果你发现自己需要播放一些现成的鼓舞人心的音乐，可以直接在 Spotify 上找到我们创建好的完整的“进阶播放列表”。

本书中我们已经多次讨论过变革的速度以及你作为一名领导者需要怎样适应这一切，但这并不意味着你必须每一件事情都要以极快的速度去做。对速度的需求已经成为商业界众所周知的事情，但在很多情况下，只有更有耐心的领导者才能最好地评估并利用机遇。如果你想要在快和慢之间保持平衡，想要在向前行动和后退、停下来反思之间保持平衡，那么就要小心，不要一有机会就急于去抓住它。

有时候，最好的决定是在你花了一点时间思考后做出的，而不是匆匆忙忙拍下板的。在市场、产品和交易方面，你不能过早做决定。仔细地选择你想要参与的赛道。有时候，当其他人都在拼命的时候，你待在后面想看得更清楚，这样是可以的。

在一个满是兔子的商业世界里，有时做乌龟可能是一个优势。（虽然不总是这样！）持续不断地付出努力，再加上耐心和决心，往往会赢得比赛。

进阶成为领导者本质上是一场马拉松，而非短跑冲刺。在本书中，通过树立愿景、打造价值观、追求速度、赢得支持和取得胜利五个核心方面的锻炼，你已经有了应对挑战所需的心理准备。你的耳边回响着当代成功商业领导者的智慧之言，它们就像充满激情的教练一样希望你能赢得比赛。你尝试并检验了一系列的行动，这能帮助你展示你的领导雄风、锻炼你的行为，而这将给你信心，给你能激发你领导潜能的真正能力，进而让你带着真实性、同理心和明确的目标去直面领导力挑战。你该继续前进了！

第五步　胜利 小结

要点

- 通过高效的团队和项目管理以及持续沟通，为你的团队提供最清晰明确的信息。
- 从一开始就制订一份最小可行计划，在背景、目标、时间表、可能存在的困境、角色、责任和下一步行动等方面达成一致并记录下来。
- 两个人的团队几乎总是比一个人表现得更好，所以要结对！至于那些复杂一点的项目，组建小分队吧，把你最好的业务人员集中到这里面来。
- 要一直保持沟通，因为不管领导者认为自己有多么勤于沟通，在别人看来总是不够。不要让沟通出现真空地带，以免生出谣言和猜疑。

- 如果环境发生了变化，你必须愿意根据现实需要打破或调整计划。可能是多次这样做，也可能是立即这样做。有许多力量是你无法控制的，这就需要你在意料之外的情况发生时掉头、改变航向。
- 把创新精神看成领导素质的核心，提供一个实实在在的环境，激励人们去合作和创造，并利用固定的程序保持稳健的节奏。

练习任务

在你接下来负责管理的项目完成后，与所有参与的人一起回顾过去的工作。讨论一下哪些进展得顺利，他们在项目不同阶段的感受，以及你从中学到了什么可以用于下一个项目的经验。一起把学到的东西列出来，在下一个类似的项目上付诸实践吧。

读一读、听一听

书籍

- 《精益创业：新创企业的成长思维》(*The Lean Startup: How Constant Innovation Creates Radically Successful Businesses*)，埃里克·莱斯。
- 《创业者：全世界最成功的技术公司初创的故事》(*Founders at Work: Stories of Startup's Early Days*)，杰西卡·利文斯顿。
- 《解析极限编程：拥抱变化》(*Extreme Programming Explained: Embrace Change*)，肯特·贝克。

音乐

- *Don't Stop Me Now*，皇后乐队（Queen）。
- *Burning Heart*，生存者合唱团（Survivor）。
- *Wavin' Flag*，克南（K'NAAN）。

附　　录

备忘录：知识点列表

在此，我们简要、快速地回顾一下本书所讨论的主要观点和准则：

- **拥抱可能发生的变革**。随着商业世界比以往更加充满不确定性，人们也有比以往更多的机会走上一条通往顶峰的捷径。你不必再耐心等待按部就班地一步一步向上晋升；相反，只要抓住机遇成为某一新兴领域的专家或公认的内行，就可以在领导力之旅中加速前进了。

- **寻找新的想法**。领导力的本质就是对知识的追求。你应该坚持不断地学习，对于新的想法要永远充满好奇心。抓住每一个机会去仔细研究，听取专家意见，充分了解那些能够对你所在的行业产生影响的主要趋势和技术。让你自己成为变革的先锋。

- **设定一个领导使命**。要想成为一名成功的领导者，你需要打心底里明白自己为什么想要成为领导者以及希望发挥什么作用。为自己设定一个领导使命吧，它能够让你在不同的公司里和不同的工作岗位上得到锻炼，并在职业生涯之路上给你指引方向。
- **热爱你的工作**。选择当领导者是选择了一条艰难的道路，要想成功，唯一的办法就是热爱你的工作，这种热忱能够帮你度过艰难的时刻。锻炼自己的领导力，也要谨慎地选择你的工作单位和同事，不管是在别人公司里打工还是自己创业。
- **要采取主动**。没有人会主动提出帮你规划领导生涯。如果你等着别人去安排这一切，你可要等很久了，要有信念和自信去主动提出想要承担更大责任的想法以及处理问题的建议。自己掌控自己的未来，采取适合自己的方法，还要学会奖励自己。
- **依靠团队的力量**。要想成为优秀的领导者，离不开优秀的团队。你身边的同事们能将你从那些未曾预料到的困难中解救出来，能让你充满活力，能成就你的伟业。因此，作为领导者，你的很大一部分精力应该用来打造一支优秀的团队并培养这个团队：从寻觅人才、招募人才到塑造集体文化，再到培养员工的个人能力，让其积累经验。让以上这些成为你的首要任务吧。

- **有目的地社交**。除了一个人才济济的团队以外，你还需要一个领导力关系网，其中包括杰出的导师、同侪、敢于讲真话的人、支持你的人以及各类专家。不管你的时间有多么紧张，都要保证抽出一定时间联系业内业外的各种人士，可以是线下在实际生活中联系，也可以是线上通过社交网络联系。
- **提供清晰明确的信息**。当提到想要成就伟大事业的时候，就要确保团队中的每个人从一开始就能达成共识。要做到信息公开透明，要保证你能和大家随时保持沟通，而且要一直这样做。
- **在不确定性中前行**。与此同时，当外界环境发生变化时，要做好粉碎最佳计划的准备。培养一种勇于尝试、不断创新的文化氛围，这将使你能够充分利用变革带来的机遇。

任务：你的进阶计划

回顾几个关键的知识要点

作为自我投资的一部分以及花时间阅读本书的合理总结，思考一下如何将本书提到的“5V”法则运用到培养个人领导力的计划中，要具有可操作性。回顾一下整本书的内容，每一步的内容都要思考，重点思考每一步的要点——不是所有内容都与你相关或可行，因此你只需要选择那些在你如今所处职位上最想要采取的做法即可。

五大步骤	我的关键要点	我的下一个步骤
1. 愿景： 重新制定规则		
2. 价值观： 发挥它的作用		
3. 速度： 投资于你自己		
4. 支持： 投资于你的团队		
5. 胜利： 交付出色成果		

明确你的进阶成长目标

思考以下问题：

1. 你的目标是什么？

2. 原因是什么？

3. 时间规划是什么？

4. 你如何判断目标何时实现？

第一步　愿景：重新制定规则

我的成长目标

时间线：在我这个职位上，要怎样重新制定规则	我需要采取哪些措施	我需要哪些技能	怎样才算成功

第二步　价值观：发挥它的作用

我的成长目标

时间线：在我这个职位上，如何能够体现价值观的重要性	我需要采取哪些措施	我需要哪些技能	怎样才算成功

第三步　速度：投资于你自己

我的成长目标

时间线：在我这个职位上，如何投资于自己	我需要采取哪些措施	我需要哪些技能	怎样才算成功

第四步 支持：投资于你的团队

我的成长目标

时间线：在我这个职位上，如何对团队进行投资	我需要采取哪些措施	我需要哪些技能	怎样才算成功

第五步 胜利：交付出色成果

我的成长目标

时间线：在我这个职位上，如何交付出色成果	我需要采取哪些措施	我需要哪些技能	怎样才算成功

做一个负责任的领导者

最后一个小提示：我们知道有很多要思考的地方，但是“千里之行，始于足下”，因此随着时间的推移，一点一点去观察你是否有进步吧。如果你打算将本书的进阶哲学作为你自己的领导力标准，你可能会发现开诚布公地与你的团队以及你信任的顾问分享这一雄心壮志是大有裨益的。公开你想要进阶的愿望，变得目的性更强一点；找你的团队或你信任的人见证你的新标准。公开做出承诺可以表明你会很认真地将这些原则在日常行动和决策中贯彻执行。在充满挑战、感到压力的时刻，做到这一点非常重要。当业务进展顺利时，我们都能应对自如，但是正如我们所了解的，当你处于巨大压力之下时，真正的考验才到来。

后　　记

哇！你终于坚持到最后了！我希望你很享受读这本关于进阶的书，也享受在这个唯一可以确定的事情就是会发生变革的新世界里工作。亲爱的领导者，你已经在路上了，你正在体验进阶之旅，而你人生的旅程就在眼前。

实话实说，尽管如此，本书也只是一个小小的序曲。真正的旅程才刚刚拉开帷幕，要从你自己做起，从下一步走起，而我已经迫不及待要听你分享故事，想要了解你是如何成长为一名更加有目标、更加强大的领导者的。如果你愿意在推特上分享进阶的要诀和技巧，请向账号@sarahfwood打声招呼，并激励别人也采取行动吧！请记住，有失误也很正常——这也是旅程的一部分。正如我的小女儿——七岁的森迪会说的那样："你可以的！"

萨拉

致　　谢

领导力不是某些特权人士和高管群体的专属领域，领导力无处不在，而我则足够幸运，从小身边就一直有一群优秀的榜样和模范。十分感谢（虽然这有些姗姗来迟）我父母的聪明才智，他们的女儿不懂感恩、严重低估了他们，这一点大家应该能预料到。十分感谢求学时各位老师给予的教导，十分感谢我所工作的学院及同事们的支持，十分感谢贾尔斯和迈克尔伴我一生的友谊，十分感谢Unruly合伙人和我的灵魂伴侣斯库特给予的启发，十分感谢全球各地的Unruly员工的创新工作，十分感谢这三个令人惊奇的孩子经常为我打气：森迪、以斯拉、罗拉·罗斯（按身高从低到高依次排序）。

同时我还要感谢英国科技生态系统的朋友们及创办者们的才华，感谢为本书慷慨付出时间、坦诚分享经验的商业领导者们，感谢我的现任领导丽贝卡给予的体贴和支持，是她指引着我和那么多人走跨国公司这条复杂多变的道路并使这一历程充满乐趣！更要感谢夜以继日为完成本书所做出努力的团队。本书因尼亚姆·奥基夫、埃洛伊斯·库克、丹·贝尔纳多、斯库特·巴顿、路易斯·图灵、乔什·戴维斯、卡尔·梅辛纳·里昂斯以及克莱门西·卡莱尔这些优秀的参与者而更加完善。你们真的是一个梦之队，若是没有你们包容我的缺陷和不足，这本书根本就无法顺利完成。

作 者 简 介

我们很荣幸能够携手编写一本书来帮助大家，让大家勇于迈出进阶的脚步并发挥领导潜能。萨拉是一个致力于让数字广告变得更好的全球团队的创始人兼首席执行官，她一直认为商业文化是积极变革的强大动力。尼亚姆是一名领导力咨询顾问，有着同来自各行各业的首席执行官以及高管共事的丰富经历。

萨拉·伍德是Unruly公司的联合创始人兼首席执行官，其他两位联合创始人是斯库特·巴顿和马特·库克（Matt Cooke）。该公司总部位于伦敦科技城，它主要通过在开放的网络空间传播、分享视频，获得了观众的喜爱，成为世界上最具创新力的广告技术公司之一。其专利技术是：将情商这一元素植入数字广告以提升观众参与及品牌表现，同时也增加了出版商的收入。

出于对社交网络和互联网文化提供的创造性机会和合作机遇的兴趣，萨拉、斯库特、马特三人曾预感到在线视频注定会火起来。于是三人一起成立了 Unruly 公司，开设了 20 个办公室，同 90% Ad Age 100 榜单上的广告品牌打交道。2015 年，Unruly 公司以 1.14 亿英镑的身价被美国新闻集团（News Corporation）[㊀]收购。目前，Unruly 公司在全球有 300 多名雇员，这些员工每日快马加鞭工作，将所服务品牌和机构的宣传设想通过在线视频的方式变为现实。

自 2012 年起，萨拉开始在剑桥大学担任硕士研究生课程副讲师，主讲在线视频文化这门课程。2014 ～ 2016 年，Unruly 公司曾同卡斯商学院（Cass Business School）合作，开设免费的讲座和研讨会，由相关的商业领导者和学术导师授课，以鼓励培养伦敦东区科技城的下一代企业家。2016 年，伦敦城市大学授予萨拉荣誉博士称号，以表彰其企业家精神和相关贡献。

萨拉还获得过 City A.M. 2015 年度企业家称号、由 TechCrunch 颁发的 2016 年度欧洲企业家奖以及 2016 年度凯歌香槟商业女性荣誉称号。此外，在 2016 年，因对

㊀ 世界上规模最大、国际化程度最高的综合性媒体集团之一，前身是澳大利亚新闻有限公司，经过 50 多年时间的发展，现已成为全球最大的媒体企业集团之一，涉足几乎所有的媒体领域。——译者注

科技创新做出贡献，萨拉还同合伙人斯库特·巴顿一起获得了大英帝国勋章。

尼亚姆·奥基夫（Niamh O'Keeffe）是一名领导力咨询顾问、作家以及网站 First100（www.First100assist.com）的创始人。尼亚姆主要为那些面对职业生涯中关键时期的领导者提供咨询建议，如怎样才能升职、怎样度过新上任的头 100 天这个关键时期、怎样坚持到底、怎样处理遗留项目。

尼亚姆是 First100 的创始人兼总经理，主要负责利基市场咨询，为那些刚刚得到领导角色的客户提供服务。她有 25 年以上的从业经验，其中有 8 年时间在埃森哲公司做战略咨询、2 年时间在伦敦金融城做猎头顾问，以及 12 年时间作为 First100 创始人兼总经理的咨询顾问经验。

尼亚姆的客户涉及各行各业，既包括创业型企业的企业家，也包括像埃森哲公司、微软公司、奥纬咨询公司（Oliver Wyman Group）这样的跨国公司的高管。

尼亚姆是培生集团的作者，共有三种金融时报出版公司发行的作品：

- *Your First 100 Days: How to Make Maximum Impact in Your New Leadership Role*（2012 年）[㊀]。
- *Lead Your Team in Your First 100 Days*（2013 年）。
- *Your Next Role: How to Get Ahead and Get Promoted*（2016 年）[㊁]。

㊀ 机械工业出版社已出版本书中文版《100 天成就卓越领导力：新晋领导者的 First100 训练法》。

㊁ 机械工业出版社已出版本书中文版《升职，凭什么是你：内卷时代快速升职法则》。

作者寄语

本书的版税收入将全部捐献给印度Yuwa，这是一个致力于通过足球和教育给印度偏远地区女童提供更美好未来的非政府组织。

我永远也无法忘记第一次听到关于Yuwa项目的那一刻，我开始了解到过去的八年里Yuwa项目是如何帮助印度偏远地区的女童们的，以及贾坎德邦[㊀]的足球和教育项目的运营情况。2017年3月，我正在西雅图参加微软公司举办的故事大会，弗兰茨·加斯特勒（Franz Gastler）上台介绍了印度偏远地区女童的遭遇。作为一名有两个女儿的母亲，这让我感到无比揪心。弗兰茨动人地讲述了Yuwa项目为解决这些问题所做的努力：先是成立了一个女童足球队，让她们环游世界、代表印度参加国际锦标赛；然后创办了一所学校以保证这些女孩的受教育权；此外，还帮助她们建立自信心、培养抗逆力，以便她们掌握

㊀ 从比哈尔邦分离出来的印度第28个邦。——译者注

自己的命运、成为自己所在社区的领导者。毫无疑问，这是一个用草根方案解决深层次问题的励志组织。

当两名小足球运动员雷努（Renu）和库苏姆（Kusum）上台讲述她们的故事时，我意识到我必须帮助她们。她们目标明确，下定决心挑战固有成见并做出改变，这一切实在令人敬畏。她们表现出了无畏的勇气。事实上，这两名女孩已经在领导改变。未来，在 Yuwa 项目的帮助下，我们将会看到更多像雷努和库苏姆这样能够掌握自己的未来并能够成为我们这个世界急需的领导者类型的女童们。此书售卖所得的版税收入将全部用于支持印度 Yuwa 项目开展相关工作。购买这本书，你不仅可以提高自己的领导能力，还能够为培养这些小领导者做出贡献，虽然她们的生活环境和我们不同，但她们和您一样，也不断努力想要实现自己的领导潜能。您可通过此网站了解更多 Yuwa 的工作详情：http://www.yuwa-inda.org/。

推荐阅读

商业模式新生代（经典重译版）

作者：（瑞士）亚历山大·奥斯特瓦德 等

ISBN：978-7-117-54989-5 定价：89.00 元

一本关于商业模式创新的、实用的、启发性的工具书

商业模式新生代（个人篇）

一张画布重塑你的职业生涯

作者：（瑞士）亚历山大·奥斯特瓦德 伊夫·皮尼厄

ISBN: 978-7-111-38675-9 定价：89.00 元

教你正确认识自我价值，并快速制定出超乎想象的人生规划

商业模式新生代（团队篇）

作者：（美）蒂莫西·克拉克 布鲁斯·黑曾

ISBN：978-7-117-60133-3 定价：89.00 元

认识组织，了解成员，

一本书助你成为“变我为我们”的实践者

价值主张设计

如何构建商业模式最重要的环节

作者：（瑞士）亚历山大·奥斯特瓦德 等

ISBN:978-7-111-51799-3 定价：89.00 元

先懂价值主张，再设计商业模式。

聚焦核心，才能创造出最优秀的模式